# Jetzt koche ich!

Der Hula Hoop Reifen beschreibt mein Leben ziemlich gut: Vieles läuft rund und dennoch geht es häufig auf und ab. Dass ich als dreifache Mutter zur bekanntesten Hula Hoop Trainerin Deutschlands wurde, kann ich bis heute nicht fassen. Und jetzt noch ein eigenes Kochbuch? Einfach mega!

WW und ich, ja, das ist ein „perfect match". Denn auch WW liebt das Hullern – und was passt besser zueinander als eine gesunde Ernährung und Bewegung?

Gemeinsam ist daher dieses Kochbuch entstanden, voll mit alltagstauglichen Rezepten, inspiriert von meinen Lieblingsküchen mexikanisch und thailändisch.
Viel Spaß beim Nachkochen!

*Eure Elli*

# Inhalt

## Rezeptinfos

**PersonalPoints™ Wert**
pro Person / Glas / Stück

**PersonalPoints™ Range**
pro Person / Glas / Stück

**PersonalPoints™ tracken**

**Neu!** Scannen & tracken für alle WW Mitglieder

Wir haben jedem Rezept einen QR-Code für schnelles, nahtloses Tracking in der WW App hinzugefügt. Mehr Infos findest du auf der inneren Umschlagseite.

**Kochvideos ansehen**

QR-Code scannen und Kochvideos entdecken.

 vegetarisch

 vegan

 glutenfrei

 laktosefrei

 nussfrei

# Hi, ich bin Elli

Manche kennen mich als Elli Hoop, andere einfach als die Mama Elli – und beides liebe ich. In erster Linie bin ich glücklich verheiratet und Mama von drei wundervollen Kindern. Eins geht in den Kindergarten und zwei sind in der Grundschule. Dass es zu Hause nie langweilig wird, brauche ich also vermutlich nicht extra zu erwähnen. Da meine Familie das Wertvollste ist, das ich habe, halte ich das alles sehr privat. Auch weil ich für meine Kinder nie mehr sein möchte als eben ihre Mama – die sicher nicht immer fehlerfrei ist, aber ihr Bestes gibt und sie über alles in der Welt liebt.

Die meisten kennen mich daher eher als Elli Hoop. Ich möchte nicht angeben, aber tatsächlich bin ich vermutlich die bekannteste Hula Hoop Trainerin Deutschlands, dazu Spiegel-bestseller-Autorin, Businessfrau und Influencerin. Klingt viel? Ist es auch! Aber ich kann stolz behaupten, dass Hula Hoop mein Leben verändert hat. Trotzdem ist es kein Zaubermittel. Natürlich spielt auch die Ernährung eine sehr große Rolle. So bin ich auf das weltweit preisgekrönte Wohlfühl- und Abnahmeprogramm von WW gestoßen. Und was soll ich sagen: Es passt perfekt – viele WW Mädels und Jungs hullern bereits.

Ehrlich gesagt war ich früher kein Fan von Sport und noch weniger vom Kochen. Gegessen hingegen habe ich immer gern. Neben der Zeit fehlten mir zum Kochen vor allem Lust und Inspiration. „Was essen wir heute?" war die Frage, die ich jeden Tag hasste. WW bietet eine sehr gute Möglichkeit, eine gesunde Ernährung in den Alltag mit Kindern zu integrieren und die große Vielfalt sorgt dafür, dass das Kochen und vor allem das Essen nicht langweilig werden.

Bei all dem geht es aber um viel mehr als „nur" um Rezepte. Es geht – wie beim Hullern – ums Wohlfühlen und darum, das eigene Wellbeing zu erhalten. Daher liegt der Fokus bei WW zwar auf dem Kochen, aber auch Lifestyle, Selbstliebe, die Auswahl der Lebensmittel und deine Motivation spielen eine große Rolle. Was dich hier in dem Buch erwartet? Na klar, vor allem ausgewogene Rezepte, größtenteils vegetarisch oder vegan, die sich ideal in den Familienalltag integrieren lassen: meine absoluten Lieblingsrezepte jetzt als WW Rezepte. Meine Lieblings-Länderküchen sind mexikanisch und thailändisch, diese dürfen in diesem Kochbuch natürlich nicht fehlen. Wichtig bei den Rezepten war mir vor allem, dass sie schnell, lecker, kostensparend, lange sättigend, ballaststoffreich und energiegeladen sind.

Neben den Rezepten findest du meine Tipps zu Motivation, zum Wohlfühlen im eigenen Körper und zur natürlichen Bewegung mit Hula Hoop. Natürlich hoffe ich, dir auch eine Anregung geben zu können, wie man sich als Familie gesund und ausgewogen ernähren kann.

# Meine Geschichte

Eigentlich wollte ich nie aufs Dorf ziehen. Ich hielt mich für ein Stadtkind, studierte Modejournalismus und Medienkommunikation, um in der großen weiten Welt arbeiten zu können. Aber dann zog ich doch zurück in die Heimat, zu dem Mann, in den ich schon mit sechs Jahren verliebt war, und widmete mich voll und ganz meiner Familie. Fast wie im Märchen, aber wie eine Prinzessin fühlte ich mich nicht.

Meine Eltern verstarben und die Trauer um sie fraß mich innerlich auf. Ich igelte mich ein und konnte mir nicht vorstellen, wie es ohne Eltern laufen soll. Ich nahm immer mehr zu und drei Schwangerschaften taten ihr Übriges. Nicht nur optisch, sondern auch innerlich. Mein Beckenboden hatte quasi aufgegeben. Das Haus ohne eine Binde zu verlassen war undenkbar – für mich der Horror. Auch das trug dazu bei, dass ich mich am liebsten zu Hause aufhielt. Ich wollte meine Problemzonen kaschieren, meine Arme zum Beispiel. Ich schwöre, sie sahen aus, als hätten sie eigentlich Beine werden sollen. Dann mein Bauch, meine Hüften, meine Beine und natürlich der Po. Kaschieren nützte nichts. Von Wohlfühlen keine Spur.

Sport hilft, das wusste ich. Aber keine Sportart zog ich länger als eine Woche durch. Ich war zu faul, zu unmotiviert und zu lustlos. Dann hörte ich zufällig, dass Hula Hoop helfen könne, den Beckenboden zu stabilisieren. „Das ist meine Chance", dachte ich. Wenn ich es schon nicht schaffte abzunehmen, dann wollte ich wenigstens dem Beckenboden den Kampf ansagen. Ich kaufte den Reifen – und obwohl es über drei Monate dauerte, bis ich es konnte, blieb ich

dran. Irgendwann machte es Klick. Ich habe fast täglich gehullert und in Kombination mit gesunder Ernährung knapp 20 kg abgenommen. Ich begann, mein Wissen in Kursen weiterzugeben und gründete 2019 meinen Instagram-Kanal in der Hoffnung, auch dort ein paar Leute motivieren zu können. Denn mir war klar: Hula Hoop ist viel mehr als bloß ein Reifen.

Das Hullern ist wirklich meine größte Leidenschaft. Es macht mich stark. Das normale Kreisen trainiert gleichzeitig die schrägen Bauchmuskeln, den unteren Rücken, die Taille, den Beckenboden und den Po. Jackpot. Die Haltung wird automatisch aufrechter und das sorgt für ein selbstbewussteres Auftreten. Ich hatte durch die Schwangerschaften starke Rückenschmerzen. Die waren plötzlich weg. Der Reifen massiert den Bereich wunderbar. Das lockert Verklebungen und sorgt für eine stärkere Durchblutung der Region, was wiederum die Zellen zur Regeneration anregt. Sprich: Die Haut wird straffer. Du merkst – Hula Hoop ist wirklich viel mehr als nur ein Reifen. Und bei WW sorgt die Bewegung sogar dafür, dass du Punkte für dein wöchentliches Budget dazuverdienen kannst.

# Kochen?
## Mit WW von 0 auf 100

In meiner Abnahmephase musste ich lernen umzudenken. Vorher habe ich im Grunde nur von Snacks gelebt, hatte morgens kaum Hunger und verzichtete aufs Frühstück. „Perfekt, jetzt nehme ich ab", dachte ich. Kurze Zeit später kam der Hunger. Aber ein Frühstück lohnte sich nicht mehr, weil schon bald Zeit fürs Mittagessen war. Also kam der erste Snack – war ja eigentlich nur ein Mini-Snack, das zählte nicht. Also aß ich noch einen zweiten. War ich satt oder esse ich noch schnell einen kleinen dritten Snack? So ging es weiter. Zack – hatte ich gefühlt eine Million Snacks gegessen, aber keine vollwertige Hauptmahlzeit. Irgendwann merkte ich, dass diese Snacks den Hauptteil meiner Kalorien beziehungsweise Punkte ausmachten. Also fing ich an zu planen.

Anfangs verzichtete ich komplett auf Zwischenmahlzeiten und gestaltete die Hauptmahlzeiten größer und ausgewogener. Für mich war es sehr hilfreich, mir vorab eine Liste mit Rezepten zu erstellen, die schnell gingen, lecker und gesund waren und nicht zu exotisch. Ich wollte weiterhin lokal einkaufen können. Passend dazu legte ich mir eine Grundausstattung zu. Lebensmittel, die ich immer im Haus hatte und aus denen ich schnell etwas Leckeres zubereiten konnte. Denn ich kannte mich: Ich verfiel schnell in alte Muster. Ich schaffte es immer, ein paar Tage gesund zu kochen, bis der Tag kam, an dem mir die Ideen ausgingen. Und schon ließ ich wieder eine Mahlzeit weg, weil ich ja abnehmen wollte. Aber dann kam der kleine Hunger und somit ein kleiner Snack. Ein Teufelskreis.

Was mir an dieser Stelle wirklich wichtig ist: Ich habe schnell verstanden, dass ich nicht gesund essen muss, um abzunehmen, sondern dass ich gesund essen möchte, um gesund zu sein. So ein Mama-Alltag ist wirklich toll, kann aber auch anstrengend sein. Und ich brauchte Kraft, Vitamine, Eiweiß, Ballaststoffe und vor allem Energie. Die bekam ich weder von Schokolade

noch von Weingummi. Und auch all das Hullern nützt nichts, wenn man jeden Tag eine TK-Pizza runterschlingt. Apropos schlingen: Du solltest dir bewusst Zeit fürs Essen nehmen. Und überlege dir, ob du gerade wirklich Hunger hast. Manchmal isst man auch aus Langeweile oder Frust. Ich ersetzte Weizen durch Dinkel und hatte immer ein paar Mandeln in der Tasche. Wenn ich unterwegs war, griff ich somit nach den Mandeln, statt mir beim Bäcker ein Brötchen zu kaufen.

Und auch Trinken ist wichtig. Ich trinke nun immer circa eine halbe Stunde vor dem Essen ein großes Glas Wasser und starte bereits mit einem Glas Wasser in den Tag. Natürlich kannst du auch ungesüßten Tee wählen.

Ich kenne die Tricks, die mir helfen, alles zu planen und die gut in meinen Alltag passen. Und die WW App kann das auch. Sie hilft dir beispielsweise beim Tracken von Mahlzeiten oder Bewegung. Und mit dem neuen PersonalPoints™ Programm ist alles noch individueller und genau auf dich ausgerichtet.

# Mein Lifestyle

Irgendwie ist alles auch eine Kopfsache. Positives Mindset ist heutzutage ein Ausdruck, der in aller Munde ist. Oft wird er belächelt. Dabei ist die Bedeutung dahinter so unendlich wichtig. Wir sollten uns alle in Achtsamkeit üben. Achtsam mit uns selbst, aber auch mit anderen sein. Achtgeben und dankbar sein. Mache dir bewusst, für was du alles dankbar sein darfst. Es ist wahnsinnig viel. Dankbar sein für alles, was man hat, für alles, was man kann, für Gesundheit und Zeit. Und für alle lieben Menschen, die uns in unserem Leben begleiten oder begleitet haben.

**Wir alle haben schon vieles geleistet, worauf wir stolz und wofür wir dankbar sein sollten.** Ich persönlich bin super dankbar dafür, so tolle Eltern gehabt zu haben. Meine Mama hat mich viele Jahre mit Liebe überschüttet und daraus ziehe ich bis heute Energie. Dankbarer könnte ich nicht sein. Ich bin aber auch dankbar für alle Erfahrungen, die ich sammeln durfte – positive wie negative, denn sie lassen einen lernen. Natürlich hätte ich sehr gern auf die eine oder andere schlechte Erfahrung verzichtet, aber am Ende haben mich alle Erfahrungen zu dem Menschen gemacht, der ich heute bin. Und da sind wir schon wieder im Alltag: Wie oft habe ich schon die Wäscheberge vor der Waschmaschine verflucht oder war genervt davon, nach jeder Mahlzeit unter dem Tisch wischen zu können. Aber eigentlich bedeuten die Wäscheberge doch nur, dass meine Familie genügend Kleidung hat, um nicht frieren zu müssen, und die Krümel unter dem Tisch, dass wir genug zu essen haben. Wie könnte ich da nicht dankbar sein?

**Auch in Bezug auf unseren Körper sollten wir dankbar sein.** Wir sollten uns nicht leiten lassen von irgendwelchen Schönheitsidealen, sondern stolz darauf sein, was der Körper alles leistet. Tag für Tag. Sind die Beine nicht ganz schlank? So what! Sie lassen uns durchs Leben gehen. Mir hat Hula Hoop wahnsinnig geholfen, mit meinem Körper Frieden zu schließen. Eigentlich müsste ich mich bei meinem Körper entschuldigen. Dafür, dass ich ihn immer wieder mit irgendwelchen Diäten gequält habe, dafür, dass ich ihn jahrelang in viel zu enge Kleidung gequetscht habe, weil ich einfach keine Kleidergröße größer kaufen wollte und immer dachte: „Ach, ich nehme ja eh bald ab."

**Und eine starke Mitte ist wirklich wichtig.** Nicht nur zum Hullern, sondern auch im Leben. Mit meiner starken Mitte bin ich viel ausgeglichener, belastbarer, weniger gereizt und entspannter. Davon profitiert die ganze Familie.

**Da ich so extrem sportfaul war, oder eigentlich immer noch bin, konnte ich mich schwer motivieren.** Beim Hullern war das kein Problem. Weil es ein Sport ist, der sich nicht wie Sport anfühlt. Ich muss das Haus nicht verlassen, mich nicht umziehen und kann es wunder-

bar in den Alltag integrieren. Meistens mache ich es abends, wenn alle Kinder im Bett sind. Dann stelle ich mich vor den Fernseher und hullere los. Wenn die Technik erst mal sitzt, muss man nicht mehr viel nachdenken.

**Der Kopf ist oft so voll – und beim Hullern schalte ich ihn ab.** Für mich ist es tatsächlich Entspannung pur. Denn im wahrsten Sinne des Wortes stehe ich dann im Mittelpunkt. Der Reifen dreht sich nur um mich und keiner kommt an mich heran. Und wenn es dann doch nicht

passt oder mich zum Beispiel die Kinder brauchen, ist der Reifen schnell weggepackt und trotzdem war keine Runde umsonst.

Stelle dir die Frage, warum du überhaupt hullerst. Warum du WW machst. Tu dir damit etwas Gutes. Mache es für dich und nicht, um irgendwem zu gefallen. Setze dir realistische Ziele und schreibe sie am besten auf. Manchmal hilft es auch, sich mit anderen zusammenzutun, um sich gegenseitig zu motivieren. Trotzdem: Bleibe bei deinem Warum. Du stehst beim Hullern im Mittelpunkt und dir soll es guttun. Und benenne deine Ziele klar. Ein „Bis zum Sommer möchte ich mich wohlfühlen und eine Kleidergröße kleiner kaufen können" ist tausendmal besser als einfach nur „Ich will abnehmen". Wenn du größere Ziele hast, benenne kleine Zwischenziele.

**Mir helfen Belohnungen.** Das kann ein neues Shirt sein, ein leckeres Essen, ein Ausflug oder ein neues Buch. Konzentriere dich auf das Hier und Jetzt. Denke nicht so viel an die Vergangenheit und auch nicht an die Zukunft. Denn sonst verpasst du viele tolle Momente der Gegenwart. Genieße den Moment, ohne an mögliche Konsequenzen zu denken. Nimm dir immer wieder Zeit für dich. Atme bewusst, iss mit allen Sinnen, nimm deine Gefühle bewusst wahr und lächle dich selbst an.

**Sich im eigenen Körper wohlzufühlen ist viel wichtiger als irgendeine Zahl auf der Waage.** Wenn du dich wohlfühlst, strahlst du auch genau das aus und wirst ganz anders wahrgenommen.

**Auch das Thema Schlaf ist wichtig.** Vermutlich bin ich selbst das schlechteste Beispiel, da ich oft zu wenig schlafe. Aber ich mache es mir immer wieder bewusst. Denn auch ein gesunder Schlaf fördert die Abnahme und sorgt für gute Stimmung. Helfer für einen guten Schlaf können feste Zeiten, Musik, bestimmtes Licht oder Atemübungen sein.

# Auf Vorrat

Ich plane, ich bereite vor und ich bewahre auf. Klingt nach viel Arbeit, ist es aber nicht. Mir hilft es total. Denn so habe ich immer schnell eine Mahlzeit zuberei- tet, die ich für einen gesunden Lebensstil brauche. Nicht nur für mich, sondern für die ganze Familie.

Essen, bis man ange- nehm satt ist, heißt nicht, den Rest wegzu- werfen. Im Gegenteil. Stelle den Rest in den Kühlschrank und iss ihn am nächsten Tag oder später. Wenn du mit Zeit und Genuss isst, bist du schneller satt. Und denke daran: Das Essen steht dir weiterhin zur Verfügung. Auch wenn du es erst mal wegstellst, kannst du es später noch essen. An manchen Tagen kommt der Hunger schneller wieder, an anderen Tagen wirst du merken, dass du den Rest gar nicht mehr benötigst, weil du einfach satt bist. Dann kannst du den Rest am nächsten Tag essen oder ihn an den Part- ner, den Nachbarn oder wen auch immer abgeben.

Ein guter Tipp: Platziere gesunde Lebensmittel gut sichtbar und greif- bar, während du die kleinen Sünden eher im Hintergrund und am besten in Schränken aufbewahrst. Du kannst dir diese auch vorab portionieren. Wenn du sie isst, dann bitte mit Zeit und Genuss. Setze dich am besten hin zum Essen und kaue gut. „Gut gekaut ist halb verdaut" – der Spruch ist wahr und ein guter Denkanstoß.

# Fit starten

# Mein Start in den Tag

Bis heute geht für mich nichts ohne Kaffee. Dennoch habe ich mir antrainiert – ja, es war tatsächlich hartes Training –, morgens erst einmal ein Glas Wasser zu trinken. Du wirst schon nach wenigen Tagen merken, dass dieses Glas Wasser wirklich guttut. Ein ganz normaler Morgen kann bei uns zu Haus, bis alle Kinder sortiert, gewaschen, satt und mit Brotdosen bepackt das Haus verlassen, nämlich ganz schön stressig sein.

Bei uns ist es ein festes Ritual, beim Essen gemeinsam am Tisch zu sitzen. Ich frühstücke zwar nicht mit den Kindern zusammen, setze mich aber meist mit einer Tasse Kaffee zu ihnen. Ich selbst frühstücke dann ganz allein und in Ruhe um kurz nach 8, bevor es an die Arbeit geht. Das ist auch der Moment, in dem ich mich kurz einmal sammle. Ich atme tief ein und aus und konzentriere mich auf den Tag. Strukturiere grob, was ansteht, sei es bei den Kindern oder bei mir selbst. Oft wird mir dann bewusst, dass ich einiges zu tun habe – daher umso wichtiger für mich: ein ausgewogenes Frühstück, damit ich direkt mit guter Energie in den Tag starten kann. Das Frühstück gestalte ich ganz unterschiedlich. Manche Dinge bereite ich schon vorab zu oder während ich die Brotdosen der Kinder bestücke. Manches mache ich frisch.

oder Mehrkornbrötchen, bin damit aber sogar länger satt und habe außerdem bessere Nährstoffe zu mir genommen. Im Anschluss löffle ich den Milchschaum und trinke ganz genüsslich meinen Kaffee aus. So sitze ich noch gemütlich mit in der Runde, ohne dass ich weiter esse. So mache ich es auch, wenn ich mal außer Haus

Am Wochenende frühstücken wir dann alle gemeinsam. Sonntags machen wir bei uns zu Hause immer das „Großfrühstück" (so haben es unsere Kinder getauft) mit Eiern, Brötchen etc. Dabei wird natürlich auch gesündigt – wir alle fünf lieben es. Hierbei habe ich mir aber bewusst angewöhnt, langsam zu essen und mir Zeit zu nehmen. Früher habe ich mir beim Großfrühstück gut und gerne mal 3 Weizenbrötchen mit dick Aufstrich reingeschoben. Heute esse ich in der gleichen Zeit 1 bis maximal 1 1/2 Dinkel-

frühstücken oder brunchen gehe: Erst langsam essen und im Anschluss in Ruhe den Kaffee trinken.

Mir ist bewusst, dass Kaffee natürlich auch nicht das Beste ist und eigentlich eine kleine Pause zwischen Essen und Kaffee gut wäre. Für mich ist der Kaffee aber Genuss pur und wie immer finde ich: Man sollte nicht zu streng mit sich selbst sein.

# Dinkel-Obst-Quark

 Zubereitungszeit 15 Min.

**2-7**

246 kcal | 1029 kJ

**Für 4 Personen**
**1 Banane**
**500 g Magerquark**
**100 g Dinkelflocken**
**3 EL Mineralwasser**
**1 TL Zimt**
**2 EL Ahornsirup**
**je 125 g Brombeeren und**
**Himbeeren**
**1 EL gepuffter Amaranth**

**1** Banane schälen, mit einer Gabel zerdrücken und mit Quark, Dinkelflocken, Mineralwasser, Zimt und Ahornsirup verrühren. Beeren waschen und trocken tupfen.

**2** Quarkmischung auf 4 Schalen verteilen, Beeren daraufgeben und mit Amaranth bestreuen. Dinkel-Obst-Quark genießen.

### Ausgetauscht

Statt Quark kannst du auch Magermilchjoghurt verwenden. Der PersonalPoints™ Wert verändert sich nicht.

# Kokos-Chia-Porridge mit Maracuja

Zubereitungszeit 5 Min.   Garzeit 5 Min.

**3–6**

203 kcal | 848 kJ

Für 4 Personen
**120 g kernige Haferflocken**
**350 ml entrahmte Milch**
**400 ml Wasser**
**150 g Kokosjoghurt**
**2 TL Chiasamen**
**2 Passionsfrüchte (Maracuja)**

**1** Haferflocken, Milch und Wasser in einem Topf auf mittlerer Stufe erhitzen und unter gelegentlichem Rühren ca. 5 Minuten garen. Die Hälfte des Joghurts unterrühren.

**2** Porridge auf vier Schalen verteilen und mit restlichem Joghurt und Chiasamen toppen. Passionsfrüchte halbieren, mit einem Löffel das Fruchtfleisch herauslösen, auf dem Porridge anrichten und genießen.

### Ich liebe Kokos

Ob zum Frühstück, Dinner oder als Snack – Kokos geht bei mir immer! Wer Punkte übrig hat, kann das Porridge noch mit gerösteten Kokosraspeln bestreuen. Lecker!

# Körnige Fitnessstulle

 Zubereitungszeit 10 Min.

**5-6**

270 kcal | 1131 kJ

Für 2 Personen
**4 Blätter Lollo bianco**
**1/2 rote Paprika**
**1/4 Salatgurke**
**4 Scheiben Vollkorn-Körnerbrot**
**100 g Hüttenkäse,**
**bis 0,5 % Fett absolut**
**Salz, Pfeffer**

**1** Salat waschen und trocken schleudern. Paprika waschen, entkernen und in feine Streifen schneiden. Gurke waschen und in Scheiben schneiden.

**2** Brot nach Wunsch rösten, mit Hüttenkäse bestreichen und mit Salz und Pfeffer würzen. 2 Scheiben mit Salat, Gurke und Paprika belegen und mit restlichen Brotscheiben abdecken. Fitnessstulle verpackt transportieren oder sofort genießen.

# Frühstücks-Apfel-Kuchen

Zubereitungszeit 15 Min.    Garzeit 55 Min.    Kühlzeit 30 Min.

**1–3**

117 kcal | 488 kJ

Für 10 Scheiben

**6 getrocknete Datteln**

**2 EL heißes Wasser**

**3 süß-säuerliche Äpfel**

**(z. B. Jonagold)**

**2 Eier (Größe M)**

**1 TL Zimt**

**150 g zarte Haferflocken**

**2 TL Backpulver**

**1 Prise Salz**

**1 EL Chiasamen**

**1** Backofen auf 160° C (Gas: Stufe 1, Umluft: 140° C) vorheizen. Datteln gegebenenfalls entsteinen, fein hacken und mit Wasser verrühren. Äpfel waschen, vierteln, entkernen und 2 1/2 Äpfel raspeln. Restliche Apfelhälfte in dünne Spalten schneiden.

**2** Eier mit Zimt und Datteln pürieren und mit geriebenem Apfel, Haferflocken, Backpulver, Salz und Chiasamen verrühren. Masse in einer mit Backpapier ausgelegten Kastenform (Länge ca. 25 cm) verteilen. Apfelspalten in den Teig drücken und im Backofen auf mittlerer Schiene 50–55 Minuten backen. Frühstücks-Apfel-Kuchen ca. 30 Minuten abkühlen lassen, in Scheiben schneiden und servieren.

# Haferwaffeln
# mit Beeren-Joghurt-Topping

Zubereitungszeit 15 Min.    Garzeit 5 Min.

**3–12**

394 kcal | 1648 kJ

Für 2 Personen

**3 kleine reife Bananen**
**120 ml Haferdrink**
**75 g kernige Haferflocken**
**250 g gemischte Beeren**
**1 TL Rapsöl**
**60 g Sojajoghurt, Natur,**
**55 kcal/100 g**
**2 TL Ahornsirup**

**1** Bananen schälen, mit einer Gabel zerdrücken, mit Haferdrink und Haferflocken pürieren und ca. 15 Minuten quellen lassen. Beeren waschen, trocken tupfen und gegebenenfalls halbieren.

**2** Waffeleisen mit Öl fetten und darin aus dem Teig 2 Waffeln backen. Waffeln mit Joghurt, Beeren und Ahornsirup toppen und servieren.

**Jetzt Video zu Küchentipp entdecken:**
Haferdrink selber machen

# Käse-Ei-Sandwich

  Zubereitungszeit 10 Min.    Garzeit 10 Min.

**7–10**

339 kcal | 1417 kJ

**Für 2 Personen**
**2 Eier (Größe M)**
**4 Radieschen**
**4 Blätter Lollo rosso**
**2 Scheiben Gouda, 30 % Fett i. Tr.**
**4 kleine Scheiben Vollkorn-Toast**
**2 TL körniger Senf**
**2 EL Salatcreme, bis 10 % Fett**
**Salz, Pfeffer**

**1** Eier in kochendem Wasser 8–10 Minuten hart kochen, abschrecken, pellen und in Scheiben schneiden. Radieschen waschen und in dünne Scheiben schneiden. Salat waschen und trocken schleudern. Käsescheiben halbieren.

**2** Toasts rösten. Für die Creme Senf, Salatcreme, Salz und Pfeffer verrühren und Toasts damit bestreichen. 2 Scheiben mit Radieschen, Käse, Salat und Ei belegen und mit restlichen Toasts abdecken. Käse-Ei-Sandwich verpackt transportieren oder sofort genießen.

# Skyr-Vanille-Porridge mit Kiwi

Zubereitungszeit 10 Min.    Garzeit 5 Min.

**5–9**

320 kcal | 1339 kJ

**Für 4 Personen**
**1 Vanilleschote**
**350 ml entrahmte Milch**
**150 ml Wasser**
**80 g zarte Haferflocken**
**100 g Haferkleie**
**1 EL Zucker**
**4 TL Mandelblättchen**
**2 Kiwis**
**125 g Himbeeren**
**300 g Skyr, Natur**

**1** Vanilleschote längs aufschneiden und das Mark herauskratzen. Milch mit Wasser und Vanilleschote in einem Topf auf hoher Stufe aufkochen, Haferflocken, Haferkleie, Vanillemark und Zucker dazugeben und auf niedriger Stufe unter gelegentlichem Rühren ca. 5 Minuten garen.

**2** Mandeln fettfrei in einer Pfanne auf mittlerer Stufe 2–3 Minuten rösten. Kiwis schälen und in Spalten schneiden. Himbeeren waschen und trocken tupfen. Skyr unter das Porridge rühren, auf 4 Schalen verteilen und mit Kiwis, Himbeeren und Mandeln garnieren. Porridge genießen.

## Schon gewusst?

Ein Enzym der Kiwi sowie der Ananas und Papaya sorgt dafür, dass Milchprodukte schnell bitter werden. Daher solltest du die Kiwi erst kurz vor dem Servieren dazugeben.

# Fruchtige Frühstücksmuffins

 Zubereitungszeit 10 Min.    Garzeit 20 Min.    Kühlzeit 15 Min.

**2–5**

178 kcal | 745 kJ

Für 6 Stück

**4 getrocknete Datteln**
**3 Eier (Größe M)**
**1 TL Zimt**
**1 EL Honig**
**30 g gehackte Haselnüsse**
**100 g zarte Haferflocken**
**150 g gemischte Beeren (TK)**
**50 g Johannisbeeren**

**1** Backofen auf 200° C (Gas: Stufe 3, Umluft: 180° C) vorheizen. Datteln gegebenenfalls entsteinen und fein hacken. Eier mit Zimt, Honig, Datteln, Nüssen und Haferflocken verrühren und Beeren unterheben.

**2** Masse auf 6 Silikon-Muffinförmchen oder Papiermanschetten verteilen und im Backofen auf mittlerer Schiene 15–20 Minuten backen. Johannisbeeren waschen und trocken tupfen. Muffins ca. 15 Minuten abkühlen lassen und mit Johannisbeeren garniert servieren.

# Kräuter-Käse-Omelette

Zubereitungszeit 10 Min.   Garzeit 5 Min.

**4–10**

307 kcal | 1285 kJ

**Für 2 Personen**
**1/4 Salatgurke**
**4 Cocktailtomaten**
**50 g Pflücksalatmischung**
**(Kühltheke)**
**2 TL Olivenöl**
**1 EL heller Balsamicoessig**
**4 Stängel Petersilie**
**4 Eier (Größe M)**
**1 EL Mineralwasser**
**40 g geriebener Käse,**
**30 % Fett i. Tr.**
**2 TL Schnittlauchringe**
**Salz, Pfeffer**

**1**   Gurke waschen, längs halbieren und in Scheiben schneiden. Tomaten waschen und vierteln. Salat waschen, trocken schleudern und mit Gurken, Tomaten, 1 TL Öl und Essig mischen. Petersilie waschen, trocken schütteln und hacken. Eier mit Wasser und der Hälfte der Petersilie verquirlen.

**2**   Restliches Öl portionsweise in einer Pfanne auf mittlerer bis hoher Stufe erhitzen und aus der Eimasse nacheinander 2 Omelettes braten, dabei Eimasse mit Deckel ca. 1 Minute braten. Käse, restliche Petersilie und Schnittlauch daraufgeben und mit Salz und Pfeffer würzen.

**3**   Omelette mit Deckel ca. 1 Minute stocken lassen und zusammenklappen. Kräuter-Käse-Omelettes mit Salat auf 2 Tellern anrichten und servieren.

# French-Toast-Auflauf mit Bananen

Zubereitungszeit 20 Min.    Garzeit 35 Min.    Kühlzeit 30 Min.

**7–11**

289 kcal | 1211 kJ

Für 8 Personen

**1 TL Rapsöl**

**12 kleine Scheiben Vollkorn-Toast**

**4 kleine Bananen**

**6 Eier (Größe M)**

**250 ml entrahmte Milch**

**100 ml Ahornsirup**

**120 g Frischkäse,**

**bis 5 % Fett absolut**

**1 TL Vanillepaste**

**2 TL Zitronensaft**

**1/2 TL geriebene Muskatnuss**

**1 TL Zimt**

**1 Prise Salz**

**1 EL Puderzucker**

**1**  Eine Auflaufform (ca. 20 x 30 cm) mit Öl einfetten. Toasts diagonal halbieren und dachziegelartig in die Auflaufform schichten. 2 Bananen schälen, in Stücke schneiden und mit Eiern, Milch, Ahornsirup, Frischkäse, Vanillepaste, Zitronensaft, Muskatnuss, Zimt und Salz fein pürieren. Masse über die Toasts geben, mit Frischhaltefolie abdecken und ca. 30 Minuten kalt stellen.

**2**  Backofen auf 180° C (Gas: Stufe 2, Umluft: 160° C) vorheizen. Restliche Bananen schälen, in Scheiben schneiden und Toasts damit belegen. French Toast mit Alufolie abdecken und im Backofen auf mittlerer Schiene ca. 25 Minuten backen. Folie entfernen und Auflauf weitere ca. 10 Minuten backen. French-Toast-Auflauf mit Puderzucker bestäuben und servieren.

# Sauerteigbrot
# mit Kichererbsen-Curry-Salat

 Zubereitungszeit 10 Min.

**4–6**

224 kcal | 936 kJ

Für 4 Personen
**1 Dose Kichererbsen**
**(265 g Abtropfgewicht)**
**1 EL Mangochutney**
**(Fertigprodukt)**
**150 g Magermilchjoghurt**
**1 EL Zitronensaft**
**1 TL Curry**
**Salz, Pfeffer**
**40 g Baby-Blattspinat**
**4 Scheiben Sauerteigbrot (à 50 g)**
**1 Msp. Chiliflocken**

**1** Kichererbsen abspülen, abtropfen lassen und mit Mangochutney, Joghurt, Zitronensaft, Curry, Salz und Pfeffer verrühren.

**2** Spinat waschen und trocken schleudern. Brot nach Wunsch rösten, Spinat darauf verteilen und mit Kichererbsen-Curry-Salat belegen. Sauerteigbrot mit Chiliflocken bestreuen und servieren.

## Voll mild!

Wenn meine Kids mitessen, lasse ich die Chiliflocken weg oder ersetze sie durch Paprikapulver.

# Bircher Müsli mit Mandeln und Cranberries

 Zubereitungszeit 10 Min.   Garzeit 5 Min.   Kühlzeit 4 Std.

**4–7**

237 kcal | 990 kJ

**Für 2 Personen**
**1 EL getrocknete Cranberries**
**30 g kernige Haferflocken**
**80 ml Apfelsaft**
**120 g Magermilchjoghurt**
**2 EL Mandelblättchen**
**1 Birne**
**1 TL Zucker**

**1**  Cranberries hacken, mit Haferflocken, Apfelsaft und 70 g Joghurt verrühren und ca. 4 Stunden kalt stellen.

**2**  Mandeln fettfrei in einer Pfanne auf mittlerer Stufe 2–3 Minuten rösten. Birne waschen, vierteln, entkernen und Birne raspeln. Joghurt-Haferflocken-Mischung auf 2 verschließbare Gläser verteilen, Birne und Mandeln unterrühren und restlichen Joghurt und Zucker daraufgeben. Bircher Müsli verschließen und transportieren.

## Selber machen lohnt sich

Trockenobst ist wirklich teuer – aber man kann es auch selbst herstellen. Ersetze die Cranberries in diesem Rezept einfach durch getrocknete Erdbeeren. Wie es geht?

**Jetzt Video zu Küchentipp entdecken:**
Trockenobst selber machen

# Vegane Bananen-Pancakes ohne Mehl

 Zubereitungszeit 10 Min.   Garzeit 10 Min.

**4–10**

319 kcal | 1336 kJ

Für 2 Personen

**2 Bananen**
**70 g zarte Haferflocken**
**150 ml ungesüßter Sojadrink**
**4 TL Agavendicksaft**
**1 TL Backpulver**
**1/2 TL Zimt**
**2 TL Rapsöl**

**1**  1 Banane schälen, mit einer Gabel zerdrücken und mit Haferflocken, Sojadrink, 2 TL Agavendicksaft, Backpulver und Zimt verrühren. Teig ca. 15 Minuten quellen lassen.

**2**  Öl portionsweise in einer Pfanne auf mittlerer Stufe erhitzen und aus dem Teig darin nacheinander 8 kleine Pancakes backen, dabei ca. 3 Minuten von jeder Seite braten.

**3**  Restliche Banane schälen, in Scheiben schneiden, auf den Pancakes anrichten und mit restlichem Agavendicksaft beträufeln. Bananen-Pancakes servieren.

# Basis-Granola mit 3 Varianten

 Zubereitungszeit 5 Min.   Garzeit 10 Min.   Kühlzeit 15 Min.

**2–4**

150 kcal | 626 kJ

**Für 10 Personen**
**120 g zarte Haferflocken**
**120 g Dinkelflocken**
**30 g Leinsamen**
**30 g Sonnenblumenkerne**
**1 TL Zimt, 1 Prise Salz**
**2 EL Agavendicksaft**
**2 EL Sonnenblumenöl**

**1** Backofen auf 180° C (Gas: Stufe 2, Umluft: 160° C) vorheizen. Haferflocken mit Dinkelflocken, Leinsamen, Sonnenblumenkernen, Zimt, Salz, Agavendicksaft und Öl auf einem mit Backpapier ausgelegten Backblech vermischen. Granola im Backofen auf mittlerer Schiene 10–12 Minuten backen, dabei nach der Hälfte der Garzeit durchrühren. Granola ca. 15 Minuten abkühlen lassen, in ein Glas füllen oder servieren.

# Granola mit Nüssen

**3–5**

182 kcal | 761 kJ

120 g zarte Haferflocken mit 120 g Dinkelflocken, 30 g Leinsamen, 30 g Sonnenblumenkernen, **1 EL gehackten Haselnüssen**, **2 EL Mandelstiften**, **2 EL gehackten Walnüssen**, 1 TL Zimt, 1 Prise Salz, 2 EL Agavendicksaft und 2 EL Sonnenblumenöl vermischen. Granola backen.

# Granola mit Trockenobst

**3–5**

174 kcal | 727 kJ

120 g zarte Haferflocken mit 120 g Dinkelflocken, 30 g Leinsamen, 30 g Sonnenblumenkernen, **4 getrockneten, gehackten Datteln**, 1 TL Zimt, 1 Prise Salz, 2 EL Agavendicksaft und 2 EL Sonnenblumenöl vermischen. Granola backen, abkühlen lassen und mit **30 g getrockneten Cranberries** und **15 g gefriergetrockneten Erdbeeren** mischen.

# Granola mit Schoko und Kokos

**3–5**

165 kcal | 691 kJ

120 g zarte Haferflocken mit 120 g Dinkelflocken, 30 g Leinsamen, 30 g Sonnenblumenkernen, **1 EL Kokosraspeln**, 1 TL Zimt, 1 Prise Salz, 2 EL Agavendicksaft und 2 EL Sonnenblumenöl vermischen. Granola backen, abkühlen lassen und mit **20 g Zartbitter-Schokodrops** mischen.

# Lecker lunchen

# Challenges beim Lunchen

**Wer hat an der Uhr gedreht? An manchen Tagen habe ich das Gefühl, im Büro gerade einmal geatmet zu haben und schwupps – ist der Vormittag vergangen. Stimmt zwar nicht ganz, aber oft bekomme ich einfach nicht mit, wie schnell die Zeit vergeht. Pünktlich um 12 meldet sich dann nicht nur der erste Hunger, sondern auch mindestens ein Kind aus der Schule. Zeit zum Essen.**

Für mich als Kind war es mit das Schönste, nach der Schule nach Hause zu kommen und zusammen mit meinen drei Schwestern und unserer Mama zu essen. Das möchte ich meinen Kindern genauso bieten. Auch wenn es, ehrlich gesagt, oft ein ganz schöner Spagat ist zwischen Mama-Sein und Business-Frau. Aber das Gute an der Selbstständigkeit ist ja, dass ich mir meine Zeit selbst einteilen kann, und so schaufle ich mir viermal die Woche die Mittagszeit frei, um gemeinsam mit den Kindern zu essen.

Oft werde ich gefragt, ob ich das Gleiche esse wie meine Kinder oder ob ich separat koche. Meist essen wir das Gleiche. Manchmal gibt es Variationen. So würze ich das Essen der Kinder manchmal anders oder milder oder sie bekommen eine andere Beilage.

Meine Herausforderung: Ich muss mittags satt werden. Sonst komme ich schlichtweg nicht durch den Tag. Ob ich nun Termine habe, mit den Kids unterwegs bin oder den Reifen schwinge, ich brauche Power und die kommt beim Lunch aus dem Topf oder dem Kühlschrank. Denn ich liebe am Mittag auch kalte Gerichte, die ich umso besser vorbereiten kann. Besonders praktisch ist, dass man diese auch super mitnehmen kann. Schaut selbst.

Ob nun zusammen mit der Familie oder allein – nutzt den Mittag, um Kraft zu tanken. Horcht mal in euch hinein, lockert eure Muskulatur und genießt bewusst, was ihr euch zubereitet habt. Traut euch auch mal, Neues zu probieren. Bei vielen Dingen war ich anfangs skeptisch und war dann mehr als überrascht, wie unglaublich lecker manches dann doch ist. Kichererbsen zum Beispiel. Früher wusste ich damit überhaupt nichts anzufangen. Heute hingegen esse ich sie, lecker zubereitet, super gern. Oft bin ich auch positiv überrascht, wie viel meinen Kindern plötzlich schmeckt. Ich gebe zu: nicht immer und nicht allen dreien. Aber da bin ich total entspannt. Ihnen muss nicht alles schmecken. Ich erinnere mich noch zu gut an meine eigene Kindheit und daran, was ich als Kind alles NICHT mochte. In regelmäßigen Abständen koche ich die Lieblingsgerichte der Kinder. Das ist mir extrem wichtig. Und da darf ich dann nicht meckern. Andersrum sollen sie bei meinen Leibspeisen auch nicht meckern.

# Kartoffelfrittata mit Curry und Tomaten

 Zubereitungszeit 15 Min.   Garzeit 40 Min.   Kühlzeit 5 Min.

**1–9**

346 kcal | 1446 kJ

Für 4 Personen
**650 g festkochende Kartoffeln**
**Salz, Pfeffer**
**1 Gemüsezwiebel**
**500 g Tomaten**
**2 TL Rapsöl**
**1 EL gelbe Currypaste**
**7 Eier (Größe M)**
**100 g Pflücksalatmischung**
**(Kühltheke)**
**2 EL gehackter Koriander**

**1**  Kartoffeln schälen, in kleine Stücke schneiden und in Salzwasser 12–15 Minuten vorgaren. Kartoffeln abgießen und beiseitestellen. Zwiebel schälen und in Streifen schneiden. Tomaten waschen, entkernen und in Stücke schneiden. Backofen auf 200° C (Gas: Stufe 3, Umluft: 180° C) vorheizen.

**2**  Öl in einer großen ofenfesten Pfanne auf mittlerer Stufe erhitzen und Zwiebeln darin 5–7 Minuten andünsten. Currypaste dazugeben und ca. 1 Minute mitdünsten. Tomaten zufügen, ca. 1 Minute mitgaren, Kartoffeln unterheben und mit Salz und Pfeffer würzen.

**3**  Eier verquirlen, über die Kartoffelmischung geben und ca. 7 Minuten stocken lassen. Kartoffelfrittata im Backofen auf mittlerer Schiene ca. 10 Minuten fertigbacken und ca. 5 Minuten abkühlen lassen. Salat waschen und trocken schleudern. Frittata mit Koriander bestreuen und mit Salat servieren.

### Schmeckt auch ohne!

Wenn die Kinder keinen Koriander mögen, bestreut einfach nur die Hälfte der Frittata damit oder verwendet Petersilie.

# Gnocchi-Zucchini-Pfanne

Zubereitungszeit 10 Min.    Garzeit 20 Min.

**9**

313 kcal | 1310 kJ

**Für 4 Personen**
**je 1 grüne und gelbe Zucchini**
**1 Zwiebel**
**1 Knoblauchzehe**
**2 TL Olivenöl**
**500 g Gnocchi (Frischprodukt)**
**150 ml Gemüsebrühe**
**(1/2 TL Instantpulver)**
**120 g Frischkäse,**
**bis 5 % Fett absolut**
**Salz, Pfeffer**
**1 TL getrockneter Oregano**
**100 g Schafskäse, 25 % Fett i. Tr.**
**2 EL gehacktes Basilikum**

**1**  Zucchini waschen und würfeln. Zwiebel schälen und fein würfeln. Knoblauch hacken. Öl in einer tiefen Pfanne auf mittlerer Stufe erhitzen und Zucchini mit Zwiebeln und Knoblauch darin ca. 8 Minuten anbraten.

**2**  Gnocchi dazugeben und ca. 5 Minuten mitbraten. Mit Brühe ablöschen, Frischkäse einrühren, mit Salz und Pfeffer würzen, mit Oregano verfeinern und ca. 8 Minuten köcheln lassen. Schafskäse darüberbröseln oder raspeln und mit Basilikum bestreuen. Guten Appetit!

# Herzhaftes Tomatenporridge

 Zubereitungszeit 10 Min.   Garzeit 15 Min.

**1–7**

321 kcal | 1342 kJ

**Für 2 Personen**
**1 Zwiebel**
**1 TL Olivenöl**
**100 g kernige Haferflocken**
**450 ml vegane Gemüsebrühe**
**(2 TL Instantpulver)**
**250 g Cocktailtomaten**
**70 g Avocadofruchtfleisch**
**Salz, Pfeffer**
**1 TL Paprikapulver**
**1 Msp. Chiliflocken**
**1 EL gehackte glatte Petersilie**

**1**   Zwiebel schälen und fein würfeln. Öl in einem Topf auf mittlerer Stufe erhitzen und Zwiebeln darin ca. 3 Minuten andünsten. Haferflocken dazugeben, ca. 1 Minute mitdünsten, mit Brühe ablöschen und unter gelegentlichem Rühren ca. 8 Minuten köcheln lassen.

**2**   Tomaten waschen und halbieren oder vierteln. Avocadofruchtfleisch in Spalten schneiden. Porridge mit Salz, Pfeffer und Paprikapulver würzen, 200 g Tomaten und Petersilie unterrühren und ca. 3 Minuten mitgaren.

**3**   Porridge auf 2 Schalen verteilen, mit restlichen Tomaten und Avocadospalten garnieren, mit Pfeffer und Chiliflocken würzen und mit Petersilie bestreuen. Tomatenporridge genießen.

 **Jetzt Video zu Küchentipp entdecken:**
Cocktailtomaten schneller halbieren

# Süßkartoffel-Spinat-Pfanne mit Kichererbsen

Zubereitungszeit 15 Min. Garzeit 20 Min.

**3–9**

362 kcal | 1515 kJ

Für 2 Personen
**300 g Süßkartoffeln**
**Salz, Pfeffer**
**1 Zwiebel**
**1 Knoblauchzehe**
**100 g Baby-Blattspinat**
**125 g Kichererbsen (Konserve)**
**100 g Magermilchjoghurt**
**1 EL Tahin (Sesampaste)**
**1 EL Zitronensaft**
**1 TL Sesam**
**1 TL Rapsöl**
**2 TL Ras el-Hanout**

**1** Süßkartoffeln schälen, würfeln und in Salzwasser ca. 15 Minuten garen. Zwiebel schälen und würfeln. Knoblauch pressen. Spinat waschen und trocken schleudern. Kichererbsen abspülen und abtropfen lassen. Joghurt mit Tahin und Zitronensaft verrühren und mit Salz und Pfeffer abschmecken.

**2** Sesam fettfrei in einer Pfanne auf mittlerer Stufe 2–3 Minuten rösten und herausnehmen. Öl im Bratensatz erhitzen und Zwiebeln mit Knoblauch darin 3–4 Minuten braten. Kichererbsen und Ras el-Hanout dazugeben und ca. 2 Minuten mitgaren.

**3** Süßkartoffeln abgießen, in die Pfanne geben und 2–3 Minuten mitbraten. Spinat zufügen und zusammenfallen lassen. Süßkartoffel-Spinat-Pfanne mit Salz und Pfeffer abschmecken, mit Joghurt und Sesam toppen und genießen.

# Taco-Reis-Salat To Go

Zubereitungszeit 20 Min.    Garzeit 30 Min.

**3-7**

252 kcal | 1052 kJ

**Für 4 Personen**
**100 g trockener Naturreis**
**Salz, Pfeffer**
**2 Tomaten**
**1 rote Zwiebel**
**1 kleine Dose Mais**
**(140 g Abtropfgewicht)**
**1 unbehandelte Limette**
**2 EL gehackte Petersilie**
**1 EL Olivenöl**
**1 grüne Paprika**
**1 Romanasalatherz**
**150 g Magermilchjoghurt**
**40 g Tortillachips**

**1** Reis nach Packungsanweisung in Salzwasser garen. Tomaten waschen und würfeln. Zwiebel schälen und fein würfeln. Mais abgießen. Limettenschale abreiben und Limette auspressen. Für die Salsa Tomaten mit Mais, Zwiebeln, 1 EL Petersilie, 2 EL Limettensaft, Öl und Pfeffer verrühren.

**2** Paprika waschen, entkernen und würfeln. Salat waschen, trocken schleudern und in feine Streifen schneiden. Für das Dressing Joghurt mit restlichem Limettensaft, -schale, restlicher Petersilie, Salz und Pfeffer verrühren.

**3** Reis auf 4 Schalen oder To-Go-Behälter (Inhalt ca. 400 ml) verteilen, Dressing, Paprika, Salsa, Salat und Tortillachips daraufgeben und verschließen. Taco-Reis-Salat transportieren oder sofort genießen.

## So geht's auch

Du kannst das Dressing auch separat transportieren und erst kurz vor dem Servieren mit dem Salat vermischen.

Titelrezept

# Pilzwrap mit Tomaten

Zubereitungszeit 15 Min.   Garzeit 10 Min.   Einweichzeit 5 Min.

**9**

318 kcal | 1332 kJ

**Für 2 Stück**

**4 getrocknete Tomaten ohne Öl**
**2 EL heißes Wasser**
**120 g braune Champignons**
**1 kleine Zwiebel**
**6 Cocktailtomaten**
**25 g Baby-Blattspinat**
**2 EL Kräuterfrischkäse,**
**bis 5 % Fett absolut**
**1 Msp. Chiliflocken**
**Salz, Pfeffer**
**1 TL Rapsöl**
**2 große Tortillawraps**
**2 EL geriebener Käse,**
**30 % Fett i. Tr.**

**1** Getrocknete Tomaten ca. 5 Minuten in Wasser einweichen. Champignons trocken abreiben und in Scheiben schneiden. Zwiebel schälen und in Streifen schneiden. Cocktailtomaten waschen und in Scheiben schneiden. Spinat waschen und trocken schleudern.

**2** Für die Creme getrocknete Tomaten samt Sud mit Frischkäse, 1 Prise Chiliflocken, Salz und Pfeffer pürieren. Öl in einer Pfanne auf mittlerer Stufe erhitzen und Champignons mit Zwiebeln darin ca. 8 Minuten braten.

**3** Wraps zur Hälfte einschneiden, mit Creme bestreichen, je ein Viertel mit Champignonmischung, Käse, Cocktailtomaten und Spinat belegen, mit restlichen Chiliflocken bestreuen und Wrapviertel jeweils aufeinander klappen, sodass ein Dreieck entsteht. Pilzwraps im Bratensatz 1–2 Minuten von jeder Seite braten und servieren.

### Variante

Ob süß oder herzhaft – du kannst das Topping auf deinem Wrap beliebig variieren. Wie wäre es zum Beispiel mit Crème légère, Paprikastreifen, Geflügelbrustaufschnitt, Frühlingszwiebelringen und geriebenem Parmesan? Eine süße Variante schmeckt mit Magerquark, Apfelspalten, Mandelblättchen, Mandelmus und Zimt.

**Jetzt Video zu Küchentipp entdecken:**
Wraps richtig rollen oder falten

# Thailändischer Thunfisch-Rotkohl-Salat

 Zubereitungszeit 20 Min.

**1-4**

224 kcal | 937 kJ

Für 4 Personen
**1/2 Rotkohl (ca. 350 g)**
**1 Kopfsalat**
**1 rote Paprika**
**1/2 Bund Radieschen**
**4 Stängel Koriander**
**1 Dose Mais**
**(285 g Abtropfgewicht)**
**2 Dosen Thunfisch im eigenen**
**Saft (à 150 g Abtropfgewicht)**
**1 Limette**
**1 rote Chilischote**
**2 EL Sojasauce**
**1 EL Sesamöl**
**Salz, Pfeffer**

**1** Rotkohl putzen, vierteln, den Strunk entfernen und Rotkohl grob raspeln. Salat waschen, trocken schleudern und in feine Streifen schneiden. Paprika waschen, entkernen und in feine Streifen schneiden. Radieschen waschen und in dünne Scheiben schneiden. Koriander waschen, trocken schütteln und Blätter abzupfen.

**2** Mais abgießen und mit Thunfisch abtropfen lassen. Limette halbieren, 1 Limettenhälfte auspressen und restliche Limettenhälfte in Spalten schneiden. Für das Dressing Chilischote waschen, entkernen, fein hacken und mit Limettensaft, Sojasauce, Öl, Salz und Pfeffer verrühren. Salatzutaten mit Dressing vermischen. Thunfisch-Rotkohl-Salat mit Limettenspalten anrichten. Guten Appetit.

## Vegan? Na klar!

Für eine vegane Variante einfach auf den Thunfisch verzichten. Der PersonalPoints™ Wert kann sich um 1 reduzieren.

# Ofenkartoffeln mit Pilz-Spinat-Füllung

 Zubereitungszeit 15 Min.    Garzeit 40 Min.

**1-4**

177 kcal | 740 kJ

Für 4 Personen
**4 festkochende Kartoffeln**
**(à 180 g)**
**Salz, Pfeffer**
**400 g braune Champignons**
**100 g Baby-Blattspinat**
**2 Knoblauchzehen**
**1 TL Rapsöl**
**4 EL saure Sahne**

**1**   Kartoffeln waschen und in Salzwasser ca. 20 Minuten vorgaren. Backofen auf 220° C (Gas: Stufe 4, Umluft: 200° C) vorheizen. Kartoffeln abgießen, auf ein mit Backpapier ausgelegtes Backblech geben und im Backofen auf mittlerer Schiene ca. 20 Minuten backen.

**2**   Champignons trocken abreiben und in Scheiben schneiden. Spinat waschen und trocken schleudern. Knoblauch hacken. Öl in einer Pfanne auf mittlerer bis hoher Stufe erhitzen und Champignons mit Knoblauch darin 3–5 Minuten rundherum braten.

**3**   Spinat dazugeben, ca. 1 Minute zusammenfallen lassen und mit Salz und Pfeffer würzen. Kartoffeln einschneiden, mit Gemüse füllen und mit saurer Sahne toppen. Mit Pfeffer würzen und Ofenkartoffeln servieren.

# Asia-Pita-Taschen

Zubereitungszeit 15 Min.    Garzeit 5 Min.

**7**

294 kcal | 1231 kJ

**Für 4 Personen**
**1/4 kleiner Weißkohl (ca. 300 g)**
**2 EL Apfelessig**
**1 TL Salz**
**2 Karotten**
**1 rote Chilischote**
**2 TL Sesamöl**
**180 g vegetarische**
**Hähnchenstreifen**
**2 EL Sojasauce**
**4 Pitataschen**
**4 EL Magermilchjoghurt**
**2 EL gehackter Koriander**
**2 TL Sesam**
**2 EL süße Asia-Chilisauce**

**1**  Weißkohl putzen, vierteln, den Strunk entfernen und Kohl in feine Streifen schneiden. Weißkohl mit Essig und Salz verkneten und ziehen lassen. Karotten schälen und raspeln. Chilischote waschen, entkernen und hacken.

**2**  Öl in einer Pfanne auf mittlerer bis hoher Stufe erhitzen und Hähnchen darin 3–4 Minuten rundherum anbraten. Chili und Sojasauce dazugeben und auf niedriger Stufe 1–2 Minuten mitgaren.

**3**  Pitataschen nach Wunsch erwärmen, aufschneiden, mit Joghurt bestreichen, mit Karotten, Weißkohl und Hähnchen füllen, mit Koriander und Sesam bestreuen und mit Asia-Chilisauce beträufeln. Restlichen Weißkohl mit Karotten mischen und zu den Asia-Pita-Taschen servieren.

## Pita mal anders

Ich liebe asiatische Aromen – und diese Taschen schmecken frisch-fruchtig und säuerlich-würzig. Probiert's aus!

# Süßkartoffel-Erbsen-Quiche mit Salat

Zubereitungszeit 20 Min.    Garzeit 45 Min.

**2–7**

220 kcal | 922 kJ

Für 6 Personen

**200 g Erbsen (TK)**
**450 g Süßkartoffeln**
**150 g Eiertomaten**
**4 Eier (Größe M)**
**30 g geriebener Parmesan**
**Salz, Pfeffer**
**1 TL Paprikapulver**
**1 Msp. geriebene Muskatnuss**
**150 g Feldsalat**
**1 EL Olivenöl**
**2 EL Apfelessig**
**1 EL Wasser**
**1 TL Senf**
**1 TL Honig**

**1**  Erbsen auftauen lassen. Süßkartoffeln schälen und längs in dünne Scheiben hobeln. Tomaten waschen und halbieren. Für den Guss Eier mit Erbsen, Parmesan, Salz, Pfeffer, Paprikapulver und Muskatnuss grob pürieren.

**2**  Backofen auf 180° C (Gas: Stufe 2, Umluft: 160° C) vorheizen. Den Boden und die Ränder einer mit Backpapier ausgelegten eckigen Quicheform (ca. 20 x 27 cm) überlappend mit Süßkartoffeln auslegen. Guss darauf verteilen und mit Tomaten belegen. Quiche im Backofen auf mittlerer Schiene ca. 45 Minuten backen.

**3**  Salat waschen und trocken schleudern. Für das Dressing Öl, Essig, Wasser, Senf, Honig, Salz und Pfeffer verrühren und mit Salat mischen. Quiche in Stücke schneiden, mit Salat anrichten und servieren.

# Kichererbsen-Gemüse-Nudelsuppe To Go

Zubereitungszeit 5 Min.   Ziehzeit 5 Min.

**5-7**

289 kcal | 1211 kJ

Für 2 Personen
**120 g Kichererbsen (Konserve)**
**70 g trockene Ramen-Nudeln**
**(oder Mie-Nudeln)**
**250 g Sommergemüse (TK)**
**Salz, Pfeffer**
**1/2 TL Knoblauchpulver**
**1/2 TL getrockneter Oregano**
**800 ml heiße Gemüsebrühe**
**(4 TL Instantpulver)**
**1 EL geriebener Parmesan**

**1** Kichererbsen abspülen und abtropfen lassen. Nudeln, Gemüse und Kichererbsen auf 2 To-Go-Gläser (Inhalt ca. 700 ml) verteilen, mit Salz, Pfeffer und Knoblauchpulver würzen und mit Oregano verfeinern.

**2** Mit Brühe aufgießen und ca. 5 Minuten ziehen lassen. Kichererbsen-Gemüse-Nudelsuppe mit Parmesan bestreuen, verschließen und transportieren oder sofort servieren.

# Rösttomaten-Baguette

Zubereitungszeit 10 Min.    Garzeit 20 Min.

**10**

410 kcal | 1714 kJ

Für 2 Personen
**1 Schalotte**
**1 Knoblauchzehe**
**1 kleine grüne Paprika**
**200 g bunte Cocktailtomaten**
**2 TL Olivenöl**
**1 EL dunkler Balsamicoessig**
**2 TL gehackter Thymian**
**Salz, Pfeffer**
**1 Vollkorn-Baguette (250 g)**

**1**  Backofen auf 180° C (Gas: Stufe 2, Umluft: 160° C) vorheizen. Schalotte schälen und mit Knoblauch fein würfeln. Paprika waschen, entkernen und in Stücke schneiden. Tomaten waschen und halbieren. Schalotten, Knoblauch, Paprika und Tomaten mit Öl, Essig, Thymian, Salz und Pfeffer in einer Auflaufform (ca. 15 x 25 cm) vermischen und im Backofen auf mittlerer Schiene ca. 10 Minuten backen.

**2**  Baguette neben das Gemüse aufs Rost legen und ca. 10 Minuten mitbacken. Baguette halbieren und aufschneiden. Untere Hälften mit Gemüsemischung belegen und mit oberen Hälften abdecken. Rösttomaten-Baguette genießen.

## Kleiner Snack?

Du kannst das Baguette auch in Scheiben schneiden, rösten und mit der Tomatenmischung belegen – so hast du kleine Happen im Bruschetta-Style.

# Mais-Karotten-Puffer
# mit Ei und Kichererbsen

Zubereitungszeit 20 Min.    Garzeit 25 Min.

**3–13**

525 kcal | 2199 kJ

Für 4 Personen
**200 g Karotten**
**420 g Mais (Konserve)**
**1 Knoblauchzehe**
**5 Eier (Größe M)**
**1 TL Kreuzkümmel**
**2 TL geräuchertes Paprikapulver**
**Salz, Pfeffer**
**75 g Mehl**
**1 TL Backpulver**
**500 g Cocktailtomaten**
**1 rote Zwiebel**
**2 Dosen Kichererbsen**
**(à 265 g Abtropfgewicht)**
**100 g Magermilchjoghurt**
**2 EL Zitronensaft**
**2 EL gehackte Petersilie**
**4 TL Rapsöl**

**1**  Backofen auf 160° C (Gas: Stufe 1, Umluft: 140° C) vorheizen. Karotten schälen und raspeln. Mais abgießen und Knoblauch pressen. Karotten, Mais, Knoblauch, 1 Ei, Kreuzkümmel, Paprikapulver, Salz und Pfeffer verrühren, Mehl und Backpulver unterrühren und aus der Masse 8 Puffer formen.

**2**  Tomaten waschen und vierteln. Zwiebel schälen und in feine Streifen schneiden. Kichererbsen abspülen und abtropfen lassen. Joghurt mit Zitronensaft, Salz und Pfeffer verrühren und mit Tomaten, Kichererbsen, Zwiebeln und Petersilie mischen.

**3**  3 TL Öl portionsweise in einer Pfanne auf mittlerer bis hoher Stufe erhitzen und Puffer darin nacheinander ca. 3 Minuten von jeder Seite braten. Fertige Puffer im Backofen warm halten.

**4**  Pfanne auswischen, restliches Öl darin auf niedriger bis mittlerer Stufe erhitzen und restliche Eier darin ca. 3 Minuten zu Spiegeleiern braten. Mais-Karotten-Puffer mit Spiegeleiern und Kichererbsen-Tomaten-Salat anrichten und servieren.

# Süßkartoffelsuppe mit eingelegten Chilis

Zubereitungszeit 20 Min.    Garzeit 25 Min.    Marinierzeit 30 Min.

**7–12**

406 kcal | 1697 kJ

**Für 4 Personen**
**je 1 rote und grüne Chilischote**
**2 EL Reisessig**
**1 EL Zucker**
**1 EL Wasser**
**250 g Süßkartoffeln**
**250 g Karotten**
**1 Zwiebel**
**2 Knoblauchzehen**
**1 Stück Ingwer (ca. 3 cm)**
**2 TL Rapsöl**
**2 EL Tomatenmark**
**1 Limette**
**180 g trockene rote Linsen**
**200 ml fettreduzierte Kokosmilch**
**600 ml vegane Gemüsebrühe**
**(3 TL Instantpulver)**
**6 Stängel Koriander**
**4 EL Sojajoghurt, Natur,**
**bis 55 kcal/100 g**
**je 2 TL heller und schwarzer**
**Sesam**

**1**  Chilischoten waschen und in Ringe schneiden. Essig, Zucker und Wasser verrühren, Chilis dazugeben und ca. 30 Minuten marinieren.

**2**  Süßkartoffeln und Karotten schälen und in Würfel schneiden. Zwiebel schälen und fein würfeln. Knoblauch hacken. Ingwer schälen und fein reiben. Öl in einem Topf auf mittlerer Stufe erhitzen und Zwiebeln darin ca. 2 Minuten andünsten. Knoblauch, Ingwer und Tomatenmark dazugeben und ca. 2 Minuten mitdünsten.

**3**  Limette auspressen. Süßkartoffeln, Karotten und Linsen dazugeben, mit Kokosmilch, Brühe und Limettensaft ablöschen, aufkochen und mit Deckel 15–20 Minuten garen. Koriander waschen, trocken schütteln und Blätter abzupfen. Chilis abtropfen lassen. Suppe mit Sojajoghurt, Koriander, Sesam und Chilis garniert servieren.

# Hähnchensalat mit Joghurtdressing

Zubereitungszeit 15 Min.     Garzeit 25 Min.

**3–7**

303 kcal | 1266 kJ

**Für 4 Personen**
**2 Maiskolben (vakuumverpackt)**
**1 rote Zwiebel**
**1 Kopfsalat**
**250 g bunte Cocktailtomaten**
**4 Stängel Koriander**
**4 Hähnchenbrustfilets (à 120 g)**
**Salz, Pfeffer**
**150 g fettarmer Joghurt**
**2 EL Limettensaft**
**2 EL Olivenöl**
**1 TL gemahlener Koriander**
**1 Msp. Cayennepfeffer**

**1**  Eine Grillpfanne auf mittlerer bis hoher Stufe erhitzen und Maiskolben darin fettfrei 10–12 Minuten rundherum grillen. Zwiebel schälen und in feine Streifen schneiden. Salat waschen, trocken schleudern und in mundgerechte Stücke zerteilen. Tomaten waschen und halbieren.

**2**  Koriander waschen, trocken schütteln und Blätter abzupfen. Hähnchen trocken tupfen und mit Salz und Pfeffer würzen. Für das Dressing Joghurt, Limettensaft, 1 EL Öl, gemahlenen Koriander, Cayennepfeffer, Salz und Pfeffer verrühren.

**3**  Maiskolben herausnehmen, restliches Öl im Bratensatz auf mittlerer Stufe erhitzen und Hähnchen darin 4–5 Minuten von jeder Seite grillen. Mais vom Kolben schneiden und mit Salat, Tomaten, Zwiebeln und Koriander anrichten. Hähnchen in Tranchen schneiden, auf dem Salat anrichten, mit Salz und Pfeffer würzen und mit Dressing beträufeln. Guten Appetit!

## Make it veggie

Nimm einfach vegetarische Hähnchenfleischstücke und gebe sie auf deinen Salat.

# Rührei-Avocado-Burrito mit Bohnen

Zubereitungszeit 15 Min.    Garzeit 10 Min.

**6–13**

425 kcal | 1779 kJ

Für 2 Personen

**70 g Avocado**
**2 EL Limettensaft**
**Salz, Pfeffer**
**1 Msp. Cayennepfeffer**
**60 g schwarze Bohnen (Konserve)**
**3 EL Salsa (Fertigprodukt)**
**3 Eier (Größe M)**
**1 Msp. Chilipulver**
**1 TL Rapsöl**
**2 kleine Vollkorn-Tortillawraps**

**1**  Für die Avocadocreme Avocado halbieren, Stein entfernen, Fruchtfleisch aus der Schale lösen und mit einer Gabel zerdrücken. Limettensaft, Salz und Cayennepfeffer dazugeben und verrühren. Bohnen abspülen und abtropfen lassen.

**2**  Eine Pfanne auf mittlerer Stufe erhitzen und Bohnen mit Salsa darin fettfrei ca. 3 Minuten erwärmen, dabei die Bohnen etwas zerdrücken. Salsa-Bohnen-Mischung herausnehmen und warm halten.

**3**  Eier mit Salz, Pfeffer und Chilipulver verquirlen. Öl im Bratensatz auf niedriger bis mittlerer Stufe erhitzen, Eimischung in die Pfanne geben und unter Rühren 3–5 Minuten stocken lassen. Wraps nach Wunsch erwärmen, mit Avocadocreme bestreichen, Rührei und Salsa-Bohnen-Mischung darauf verteilen und aufrollen. Rührei-Avocado-Burrito sofort genießen.

## Selbstgemacht

Du kannst die Salsa natürlich auch selbst herstellen – mit Tomaten, roter Zwiebel, Kräutern und Gewürzen deiner Wahl.

# Puten-Thaicurry mit Naturreis

Zubereitungszeit 15 Min.   Garzeit 30 Min.

**8–14**

423 kcal | 1769 kJ

Für 4 Personen
**160 g trockener Naturreis**
**Salz, Pfeffer**
**2 große Karotten**
**4 Frühlingszwiebeln**
**1/2 Blumenkohl (ca. 500 g)**
**1 Stück Ingwer (ca. 3 cm)**
**400 g Putenbrustfilet**
**400 ml fettreduzierte Kokosmilch**
**100 ml Wasser**
**2 TL rote Currypaste**
**3 Stängel Thai-Basilikum**

**1**   Reis nach Packungsanweisung in Salzwasser garen. Karotten schälen und schräg in Scheiben schneiden. Frühlingszwiebeln waschen und schräg in Ringe schneiden. Blumenkohl waschen und in Röschen teilen. Ingwer schälen und reiben. Putenbrustfilet trocken tupfen und würfeln.

**2**   Kokosmilch, Wasser, Ingwer und Currypaste in einem Topf auf mittlerer Stufe aufkochen. Karotten, Blumenkohl, drei Viertel der Frühlingszwiebeln und Putenbrust dazugeben, mit Salz und Pfeffer würzen und mit Deckel auf niedriger Stufe 12–15 Minuten köcheln lassen.

**3**   Thai-Basilikum waschen, trocken schütteln und Blätter abzupfen. Puten-Thaicurry mit Thai-Basilikum und restlichen Frühlingszwiebeln bestreuen.

### Ausgetauscht

Statt Thai-Basilikum kannst du auch normales Basilikum verwenden. Für eine vegetarische Variante kannst du gebratene vegetarische Hähnchenstücke dazugeben.

# Veggie-Gyros
# mit gerösteten Kichererbsen

Zubereitungszeit 15 Min.     Garzeit 35 Min.     Marinierzeit 30 Min.

**6–10**

382 kcal | 1598 kJ

**Für 4 Personen**
**60 ml Rotweinessig**
**2 TL Puderzucker**
**1 rote Zwiebel**
**2 Dosen Kichererbsen**
**(à 265 g Abtropfgewicht)**
**2 TL Olivenöl**
**2 TL geräuchertes Paprikapulver**
**1 TL Kreuzkümmel**
**1 TL gemahlener Koriander**
**Salz, Pfeffer**
**2 Mini-Gurken**
**40 g Pflücksalatmischung**
**(Kühltheke)**
**150 g Magermilchjoghurt**
**2 EL gehackte Minze**
**4 Pitabrote**

**1** Essig mit Puderzucker verrühren und in einem Topf auf niedriger Stufe ca. 5 Minuten erwärmen. Zwiebel schälen, in feine Streifen schneiden, mit Essigmischung verrühren und ca. 30 Minuten marinieren. Backofen auf 200° C (Gas: Stufe 3, Umluft: 180° C) vorheizen.

**2** Kichererbsen abspülen, abtropfen lassen und trocken tupfen. Kichererbsen mit Öl, Paprikapulver, Kreuzkümmel, Koriander, Salz und Pfeffer vermischen, auf einem mit Backpapier ausgelegten Backblech verteilen und im Backofen auf mittlerer Schiene ca. 30 Minuten backen, dabei gelegentlich durchrühren.

**3** Gurken waschen, längs halbieren, Kerne mit einem Löffel entfernen und Gurken in dünne Scheiben schneiden. Salat waschen und trocken schleudern. Joghurt mit Gurke und Minze verrühren und mit Salz und Pfeffer würzen. Pitabrote nach Wunsch erwärmen, aufschneiden und mit Gurkenjoghurt, Salat, Zwiebeln und Kichererbsen füllen.

Cool dinieren

# Dinnerzeit ist Familienzeit

Abends sitzen wir alle fünf gemeinsam am Tisch. Oft entstehen da auch die schönsten Gespräche. Wir alle erleben an einem Tag viel und beim Abendessen lassen wir den Rest der Familie gern daran teilhaben.

Aber natürlich gibt es auch Tage, an denen man keine Lust zum Erzählen hat. Es kann ja auch nicht jede Mahlzeit in purer Harmonie stattfinden. Da bin ich ehrlich zu euch. Ich bin auch mal gestresst, müde, traurig oder enttäuscht, wenn am Tag irgendetwas nicht so lief wie erhofft. Genauso wie jedes andere Familienmitglied auch. Wir gehen offen mit Emotionen um, aber ich versuche, diesen Dingen keinen Raum am Esstisch zu lassen. Das erzähle ich dann meinem Mann lieber abends auf dem Sofa oder erkläre es auch den Kindern in passenden Momenten.

Ab und zu machen wir abends ein klassisches Abendbrot. Zusammen mit einem Obstteller und Rohkost. Leckeres Brot, Aufschnitt, fertig. Manchmal essen wir aber auch noch mal warm, besonders dann, wenn die Küche mittags kalt blieb. Ich bin übrigens ein großer Fan der Resteverwertung. Zutaten, die vom Vortag übrig sind, binden wir am Folgetag gerne noch mal mit ein. Viele Zutaten sind extrem vielfältig einsetzbar. Richtig toll. Insgesamt essen wir auf jeden Fall wirklich abwechslungsreich. Manche Leute verzichten ja abends zum Beispiel auf Kohlenhydrate. Ich nicht, denn ich bin der Überzeugung, die Summe macht es aus. Und zwar verteilt über den ganzen Tag.

Das Abendessen läutet bei uns auch den gesamten Abend ein. Danach versuchen wir, ruhiger zu werden und dann nicht mehr lang und es geht für die Kinder in Richtung Bett. Feierabend habe ich dann aber lang noch nicht. Seien es der Haushalt, der Job oder meine Follower bei Instagram – irgendetwas wartet dann immer noch auf mich. Zaubern kann ich nämlich leider nicht. Schade, aber dafür ist auch für den Abend wieder umso wichtiger, ihr könnt es euch sicher schon denken: ausreichend Energie. Und die bekomme ich aus der vollwertigen Ernährung. Und natürlich wie immer ebenfalls ganz wichtig: Trinken nicht vergessen.

Ich bin schon jetzt total gespannt, wie euch die Gerichte schmecken. Lasst euch überraschen und vor allem überzeugen von den vielseitigen Möglichkeiten einzelner Lebensmittel. Wie gern würde ich mich einfach heimlich an euren Esstisch schleichen, dazusetzen und Mäuschen spielen. Da dies aber ja nicht möglich ist (da wären wir wieder bei meinen nicht vorhandenen Zauberkräften), bleiben mir nur mein eigener Esstisch und allein die Vorstellung, wie ihr meine Gerichte kocht und vor allem esst und genießt. Irgendwie total aufregend für mich.

# Kichererbsen-Reis-Burger

  Zubereitungszeit 20 Min.    Garzeit 15 Min.    Kühlzeit 10 Min.

 **8–11**

421 kcal | 1763 kJ

**Für 4 Personen**
**125 g 10-Minuten-Naturreis**
**1 Karotte**
**2 Frühlingszwiebeln**
**1 unbehandelte Zitrone**
**1 Dose Kichererbsen**
**(265 g Abtropfgewicht)**
**1 Ei (Größe M)**
**2 EL Paniermehl**
**2 EL gehackte Petersilie**
**1 EL gehackter Koriander**
**1 TL gemahlener Koriander**
**Salz, Pfeffer**
**1 Salatgurke**
**250 g Cocktailtomaten**
**1 kleine rote Zwiebel**
**1 EL Olivenöl**
**1 EL Rapsöl**
**4 kleine Hamburger-Brötchen**

**1**  Reis nach Packungsanweisung zubereiten. Karotte schälen und raspeln. Frühlingszwiebeln waschen und in feine Ringe schneiden. 1 TL Zitronenschale abreiben und Zitrone auspressen.

**2**  Kichererbsen abspülen, abtropfen lassen und grob pürieren. Reis dazugeben und kurz mitpürieren. Kichererbsen-Reis-Mischung mit Karotten, Frühlingszwiebeln, Ei, Zitronenschale, Paniermehl, Petersilie, gehacktem und gemahlenem Koriander, Salz und Pfeffer vermischen und Masse ca. 10 Minuten kalt stellen.

**3**  Gurke waschen und würfeln. Tomaten waschen und vierteln. Zwiebel schälen und in feine Streifen schneiden. Gurke, Tomaten und Zwiebeln mit Zitronensaft, Olivenöl verrühren und mit Salz und Pfeffer abschmecken.

**4**  Aus der Kichererbsen-Masse 4 Patties formen. Rapsöl in einer Grillpfanne auf mittlerer bis hoher Stufe erhitzen und Patties darin 5–7 Minuten von jeder Seite braten. Brötchen aufschneiden, nach Wunsch rösten, untere Hälften mit Patties und etwas Salat belegen, mit oberen Hälften abdecken und Kichererbsen-Reis-Burger mit restlichem Salat dazu anrichten.

# Blumenkohl-Feta-Nudeln

Zubereitungszeit 15 Min.    Garzeit 25 Min.

**3–9**

379 kcal | 1580 kJ

Für 4 Personen
**1 Blumenkohl (ca. 1 kg)**
**1 rote Zwiebel**
**3 TL Olivenöl**
**Salz, Pfeffer**
**2 Knoblauchzehen**
**2 EL gehackter Oregano**
**250 g trockene Vollkorn-Penne**
**150 g Schafskäse, 25 % Fett i. Tr.**
**1 Msp. Chiliflocken**

**1**  Backofen auf 220° C (Gas: Stufe 4, Umluft: 200° C) vorheizen. Blumenkohl waschen und in kleine Röschen teilen. Zwiebel schälen, in Ringe schneiden und mit Blumenkohl, 2 TL Öl, Salz und Pfeffer vermischen. Blumenkohl auf einem mit Backpapier ausgelegten Backblech verteilen und im Backofen auf mittlerer Schiene ca. 15 Minuten backen.

**2**  Knoblauch pressen, mit 1 EL Oregano zum Blumenkohl geben und weitere 5–10 Minuten backen. Nudeln nach Packungsanweisung in Salzwasser garen, abgießen und dabei ca. 60 ml Nudelwasser auffangen. Schafskäse würfeln.

**3**  Nudeln mit Nudelwasser, Blumenkohlmischung und restlichem Öl vermischen, Schafskäse darübergeben und mit Salz, Pfeffer und Chiliflocken abschmecken. Blumenkohl-Feta-Nudeln auf 4 Schalen verteilen und mit restlichem Oregano bestreut servieren.

# Linsen-Kürbis-Lasagne

Zubereitungszeit 25 Min.    Garzeit 75 Min.

**6–9**

436 kcal | 1826 kJ

**Für 6 Personen**
**400 g Hokkaidokürbis**
**4 TL Olivenöl**
**Salz, Pfeffer**
**1 EL Speisestärke**
**300 ml entrahmte Milch**
**1 Msp. geriebene Muskatnuss**
**1 Zwiebel**
**1 rote Paprika**
**2 Knoblauchzehen**
**300 g trockene braune Linsen**
**800 g stückige Tomaten**
**(Konserve)**
**500 ml Gemüsebrühe**
**(2 TL Instantpulver)**
**2 EL gehacktes Basilikum**
**9 trockene Lasagneblätter**
**40 g geriebener Parmesan**

1   Backofen auf 200° C (Gas: Stufe 3, Umluft: 180° C) vorheizen. Kürbis waschen, halbieren, Kerne mit einem Löffel entfernen, Kürbis würfeln und auf einem mit Backpapier ausgelegten Backblech verteilen. Mit 1 TL Öl, Salz und Pfeffer vermischen und im Backofen auf mittlerer Schiene 15–20 Minuten backen.

2   Stärke mit 60 ml Milch anrühren. Für die helle Sauce restliche Milch mit Muskatnuss in einem Topf auf mittlerer Stufe aufkochen, Stärkemischung einrühren und ca. 2 Minuten köcheln lassen. Topf vom Herd nehmen und abdecken.

3   Zwiebel schälen und fein würfeln. Paprika waschen, entkernen und würfeln. Knoblauch pressen. 2 TL Öl in einer großen Pfanne auf hoher Stufe erhitzen und Zwiebeln mit Paprika darin ca. 5 Minuten braten. Knoblauch und Linsen zufügen und ca. 1 Minute mitbraten. Mit Tomaten und Brühe ablöschen und aufkochen. Linsen auf niedriger Stufe ca. 20 Minuten köcheln lassen und Kürbis mit Basilikum untermischen.

4   Ofentemperatur auf 180° C (Gas: Stufe 2, Umluft: 160° C) reduzieren. Eine Auflaufform (ca. 20 x 30 cm) mit restlichem Öl einpinseln, Lasagneblätter und Linsen-Kürbis-Mischung abwechselnd hineinschichten, helle Sauce daraufgeben und mit Parmesan bestreuen. Linsen-Kürbis-Lasagne im Backofen auf mittlerer Schiene 40–45 Minuten backen und kurz abkühlen lassen.

# Zitroniges Zucchini-Schafskäse-Risotto

 Zubereitungszeit 20 Min.    Garzeit 35 Min.

**9**

308 kcal | 1289 kJ

Für 4 Personen
**3 Zucchini**
**3 TL Olivenöl**
**Salz, Pfeffer**
**125 g Cocktailtomaten**
**1 Zwiebel**
**2 Knoblauchzehen**
**200 g trockener Risottoreis**
**(z. B. Arborio)**
**900 ml heiße Gemüsebrühe**
**(4 TL Instantpulver)**
**80 g Baby-Blattspinat**
**1 unbehandelte Zitrone**
**20 g geriebener Parmesan**
**80 g Schafskäse, 25 % Fett i. Tr.**

**1** Backofen auf 200° C (Gas: Stufe 3, Umluft: 180° C) vorheizen. Zucchini waschen und 2 Zucchini würfeln. Zucchiniwürfel auf einem mit Backpapier ausgelegten Backblech verteilen, mit 2 TL Öl, Salz und Pfeffer vermischen und im Backofen auf mittlerer Schiene ca. 10 Minuten garen. Tomaten waschen, halbieren, zu den Zucchini geben und ca. 10 Minuten mitgaren.

**2** Zwiebel schälen und mit Knoblauch fein würfeln. Restliches Öl in einem Topf auf niedriger Stufe erhitzen und Zwiebeln mit Knoblauch darin 5–7 Minuten andünsten. Reis dazugeben und ca. 3 Minuten mitdünsten. Mit etwas Brühe ablöschen und auf mittlerer Stufe ca. 25 Minuten köcheln lassen, dabei regelmäßig Brühe nachgießen und umrühren.

**3** Restliche Zucchini raspeln. Spinat waschen und trocken schleudern. 1 TL Zitronenschale abreiben und Zitrone auspressen. Risotto mit Salz und Pfeffer würzen und mit Parmesan, Zitronensaft und 1/2 TL Zitronenschale verfeinern. Tomaten, Zucchiniwürfel, -raspel und Spinat unter das Risotto rühren und ca. 2 Minuten mitgaren. Schafskäse würfeln, über dem Risotto verteilen und mit restlicher Zitronenschale bestreuen. Risotto genießen.

# Paprikageschnetzeltes mit Püree

Zubereitungszeit 20 Min.   Garzeit 20 Min.

**5–9**

373 kcal | 1561 kJ

Für 2 Personen
**500 g mehligkochende Kartoffeln**
**Salz, Pfeffer**
**1 Zwiebel**
**je 1 kleine rote, gelbe und grüne**
**Paprika**
**1 TL Rapsöl**
**1 TL Speisestärke**
**100 ml Gemüsebrühe**
**(1/2 TL Instantpulver)**
**160 ml fettarme Milch**
**80 g Frischkäse,**
**bis 5 % Fett absolut**
**1 TL Paprikapulver**
**1 EL Halbfettmargarine**
**1 Msp. geriebene Muskatnuss**
**2 TL gehackter Rosmarin**

1   Kartoffeln schälen, in Stücke schneiden und in Salzwasser ca. 20 Minuten garen. Zwiebel schälen und in Streifen schneiden. Paprika waschen, entkernen und in Streifen schneiden.

2   Öl in einer tiefen Pfanne auf mittlerer bis hoher Stufe erhitzen und Zwiebeln mit Paprika darin 10–12 Minuten anbraten. Stärke mit 1 EL Brühe anrühren. Paprika mit 80 ml Milch und restlicher Brühe ablöschen, Frischkäse und Stärkemischung einrühren, mit Paprikapulver, Salz und Pfeffer würzen und auf niedriger Stufe ca. 5 Minuten köcheln lassen.

3   Kartoffeln abgießen, mit restlicher Milch und Margarine fein zerstampfen und mit Salz, Pfeffer und Muskatnuss würzen. Paprikageschnetzeltes mit Kartoffelpüree anrichten, mit Rosmarin bestreuen und servieren.

# Käsenudeln mit Pastinaken

 Zubereitungszeit 20 Min.    Garzeit 35 Min.

**4-12**

458 kcal | 1916 kJ

**Für 2 Personen**
**250 g Pastinaken**
**400 ml Gemüsebrühe**
**(2 TL Instantpulver)**
**2 Frühlingszwiebeln**
**150 g trockene Vollkorn-Penne**
**Salz, Pfeffer**
**2 TL körniger Senf**
**2 EL grobes Paniermehl**
**30 g geriebener Käse,**
**30 % Fett i. Tr.**
**1 EL geriebener Parmesan**
**2 EL gehackte Petersilie**

**1**   Pastinaken schälen und würfeln. Brühe mit Pastinaken in einem Topf auf mittlerer Stufe aufkochen und ca. 10 Minuten köcheln lassen. Frühlingszwiebeln waschen und in feine Ringe schneiden.

**2**   Backofen auf 180° C (Gas: Stufe 2, Umluft: 160° C) vorheizen. Nudeln nach Packungsanweisung in Salzwasser garen. Pastinaken samt Brühe pürieren, Frühlingszwiebeln und Senf einrühren und Sauce mit Salz und Pfeffer würzen.

**3**   Nudeln abgießen und mit Sauce in einer runden Auflaufform (Ø ca. 20 cm) vermischen. Paniermehl mit Käse, Parmesan und Petersilie verrühren, über die Nudeln geben und im Backofen auf mittlerer Schiene ca. 20 Minuten backen. Käsenudeln genießen.

Gut kombiniert

Dazu passt ein gemischter Salat.

# Grünes Hähnchencurry mit Erbsen und Karotten

Zubereitungszeit 20 Min.    Garzeit 35 Min.

**6–9**

372 kcal | 1503 kJ

Für 2 Personen
**400 g Karotten**
**1 Limette**
**120 ml fettreduzierte Kokosmilch**
**200 ml Geflügelfond**
**2 TL grüne Currypaste**
**150 g Erbsen (TK)**
**250 g Hähnchenbrustfilet**
**1 TL Rapsöl**
**1 TL Speisestärke**
**1 EL Wasser**
**Salz, Pfeffer**

1   Karotten schälen und in dünne Stifte schneiden. Limette halbieren, eine Hälfte auspressen und restliche Limettenhälfte in Spalten schneiden. Kokosmilch mit Geflügelfond, 1 TL Currypaste und Limettensaft in einem Topf auf mittlerer Stufe erhitzen. Karotten und gefrorene Erbsen dazugeben und ca. 10 Minuten garen.

2   Hähnchen trocken tupfen, in Streifen schneiden und mit restlicher Currypaste einreiben. Öl in einer Pfanne auf mittlerer Stufe erhitzen und Hähnchen darin 5–7 Minuten rundherum braten. Stärke mit Wasser anrühren, mit Hähnchen zum Curry geben, aufkochen und mit Salz und Pfeffer abschmecken. Grünes Hähnchencurry servieren.

# Blumenkohl süß-sauer mit Reis

Zubereitungszeit 20 Min.   Garzeit 25 Min.

**6**

273 kcal | 1142 kJ

Für 4 Personen
**1 kleiner Blumenkohl (ca. 700 g)**
**je 1 rote und grüne Paprika**
**2 Knoblauchzehen**
**2 TL Rapsöl**
**Salz, Pfeffer**
**160 g trockener Basmatireis**
**1 Dose Ananasstücke ohne Zucker**
**(205 g Abtropfgewicht)**
**2 EL Sojasauce**
**2 TL Speisestärke**
**60 g passierte Tomaten**
**(Konserve)**
**2 EL Reisessig**
**350 ml Wasser**
**2 Frühlingszwiebeln**
**1 TL schwarzer Sesam**

**1**   Blumenkohl waschen und in kleine Röschen teilen. Paprika waschen, entkernen und in Stücke schneiden. Knoblauch in Scheiben schneiden. Blumenkohl mit Paprika, Knoblauch und Öl auf einem mit Backpapier ausgelegten Backblech vermischen, mit Salz und Pfeffer würzen und im Backofen auf mittlerer Schiene ca. 20 Minuten garen.

**2**   Reis nach Packungsanweisung in Salzwasser garen. Ananas abgießen und Saft dabei auffangen. Sojasauce mit Stärke verrühren. Einen Wok auf mittlerer Stufe erhitzen und Stärkemischung darin ca. 2 Minuten erwärmen. Tomaten und Ananassaft einrühren, Essig und Wasser dazugeben und aufkochen. Sauce auf niedriger Stufe ca. 5 Minuten köcheln lassen.

**3**   Frühlingszwiebeln waschen und schräg in Ringe schneiden. Blumenkohl, Paprika und Ananas zur Sauce geben und ca. 1 Minute mitgaren. Reis auf 4 Schalen verteilen, Gemüse samt Sauce daraufgeben und mit Frühlingszwiebeln und Sesam bestreuen. Guten Appetit!

# Gemüsesuppe mit Bohnen

  Zubereitungszeit 15 Min.   Garzeit 25 Min.

233 kcal | 977 kJ

Für 4 Personen

**1 Bund Suppengemüse**
**1 Zucchini**
**1 TL Olivenöl**
**1 EL Tomatenmark**
**400 g stückige Tomaten**
**(Konserve)**
**650 ml vegane Gemüsebrühe**
**(3 TL Instantpulver)**
**Salz, Pfeffer**
**1 TL Paprikapulver**
**1 Dose weiße Bohnen**
**(255 g Abtropfgewicht)**
**2 TL getrocknete italienische**
**Kräuter**
**2 Ciabattabrötchen**

1   Karotten und Sellerie schälen und würfeln. Lauch waschen und in Ringe schneiden. Petersilie waschen, trocken schütteln und hacken. Zucchini waschen und würfeln.

2   Öl in einem Topf auf mittlerer Stufe erhitzen und Gemüse darin ca. 5 Minuten rundherum anbraten. Tomatenmark einrühren und ca. 2 Minuten mitbraten. Mit Tomaten und Brühe ablöschen, mit Salz, Pfeffer und Paprikapulver würzen und mit Deckel ca. 15 Minuten garen.

3   Bohnen abspülen, abtropfen lassen, mit Kräutern zur Suppe geben und 3–5 Minuten mitgaren. Brötchen nach Wunsch rösten und in Scheiben schneiden. Gemüsesuppe mit Petersilie bestreuen und mit Brötchen genießen.

## Schnelles Essen aus dem Vorrat

Konserven wie Bohnen und Tomaten, Brühe und Gewürze habe ich immer auf Vorrat. Kombiniert mit frischem Gemüse und Brot habe ich für meine Familie und mich ein schnelles Abendessen gezaubert.

# Geflügel-Bolognese-Pfanne mit Pilzen

Zubereitungszeit 20 Min.    Garzeit 25 Min.

**8–9**

403 kcal | 1686 kJ

Für 4 Personen
**200 g Karotten**
**500 g Champignons**
**1 Zwiebel**
**2 Knoblauchzehen**
**1 EL Rapsöl**
**300 g Geflügelhackfleisch**
**(aus Geflügelbrustfilet)**
**Salz, Pfeffer**
**400 g passierte Tomaten**
**(Konserve)**
**2 EL dunkler Balsamicoessig**
**250 g trockene Tagliatelle**
**2 EL gehacktes Basilikum**

**1**  Karotten schälen und fein würfeln. Champignons trocken abreiben und grob hacken. Zwiebel schälen und mit Knoblauch fein würfeln. Öl in einer tiefen Pfanne auf mittlerer bis hoher Stufe erhitzen und Karotten mit Zwiebeln und Knoblauch darin ca. 3 Minuten andünsten.

**2**  Geflügelhackfleisch dazugeben und ca. 3 Minuten mitbraten. Champignons zufügen, ca. 5 Minuten mitbraten und mit Salz und Pfeffer würzen. Mit Tomaten und Essig ablöschen und auf niedriger Stufe 10–12 Minuten köcheln lassen.

**3**  Nudeln nach Packungsanweisung in Salzwasser garen, abgießen und dabei ca. 100 ml Nudelwasser auffangen. Nudeln samt Nudelwasser in die Pfanne geben, unterrühren und mit Salz und Pfeffer abschmecken. Bolognese auf Tellern verteilen und mit Basilikum bestreut servieren.

## Schon probiert?

Schmeckt auch mit vegetarischem Hackfleisch richtig lecker. Der PersonalPoints™ Wert erhöht sich auf 10.

# Reisnudeln mit Garnelen und Gemüse

Zubereitungszeit 15 Min.  Garzeit 10 Min.

**11-12**

341 kcal | 1427 kJ

Für 4 Personen

**1 rote Paprika**
**1 Zucchini**
**250 g küchenfertige Garnelen**
**1 TL Rapsöl**
**1 EL grüne Currypaste**
**300 ml fettreduzierte Kokosmilch**
**150 ml Wasser**
**1 EL Teriyakisauce**
**Salz, Pfeffer**
**150 g trockene Reisnudeln**
**4 Stängel Basilikum**
**1 Limette**

1  Paprika waschen, entkernen und in feine Streifen schneiden. Zucchini waschen, längs halbieren und in dicke Scheiben schneiden. Garnelen abspülen und trocken tupfen. Öl in einer tiefen Pfanne auf mittlerer bis hoher Stufe erhitzen und Paprika mit Zucchini darin ca. 3 Minuten anbraten.

2  Garnelen und Currypaste dazugeben und ca. 2 Minuten mitbraten. Mit Kokosmilch und Wasser ablöschen, mit Teriyakisauce verfeinern und aufkochen. Mit Salz und Pfeffer würzen und auf niedriger Stufe ca. 3 Minuten köcheln lassen.

3  Nudeln nach Packungsanweisung in Salzwasser garen, abgießen und auf Tellern anrichten. Basilikum waschen, trocken schütteln und Blätter abzupfen. Limette in Spalten schneiden. Garnelen, Gemüse und Sauce auf die Nudeln geben, mit Basilikum bestreuen und mit Limettenspalten servieren.

## So schmeckt's auch

Eure Familie mag keine Meeresfrüchte?
Lasst sie weg oder bereitet sie einfach
separat zu.

# Kürbis-Pilz-Quesadillas

Zubereitungszeit 20 Min.  Garzeit 35 Min.

**6**

239 kcal | 999 kJ

**Für 4 Personen**
**1/4 Hokkaidokürbis (ca. 300 g)**
**3 TL Olivenöl**
**Salz, Pfeffer**
**1 TL Paprikapulver**
**250 g Champignons**
**1 kleine Zwiebel**
**1 Knoblauchzehe**
**2 TL gehackter Rosmarin**
**4 WW Protein Wraps**
**70 g geriebener Käse,**
**30 % Fett i. Tr.**

**1**  Backofen auf 200° C (Gas: Stufe 3, Umluft: 180° C) vorheizen. Kürbis waschen, Kerne mit einem Löffel entfernen, würfeln, mit 2 TL Öl, Salz, Pfeffer und Paprikapulver vermischen und auf einem mit Backpapier ausgelegten Backblech verteilen. Kürbis im Backofen auf mittlerer Schiene ca. 25 Minuten rösten.

**2**  Champignons trocken abreiben und in Scheiben schneiden. Zwiebel schälen und in Streifen schneiden. Restliches Öl in einer Pfanne auf mittlerer bis hoher Stufe erhitzen und Zwiebeln mit Champignons darin ca. 5 Minuten anbraten. Knoblauch dazupressen, ca. 2 Minuten mitbraten, mit Salz und Pfeffer würzen und mit Rosmarin verfeinern.

**3**  Kürbis auf die Wraps geben, mit einer Gabel grob zerdrücken, Pilzmischung auf 2 Wraps verteilen und mit Käse bestreuen. Mit restlichen Wraps abdecken, auf ein mit Backpapier ausgelegtes Backblech geben und im Backofen auf mittlerer Schiene 8–10 Minuten backen. Kürbis-Pilz-Quesadillas in Stücke schneiden und servieren.

## WW liebt Wraps

Sie sind unglaublich lecker und vielseitig, lassen sich mit gesunden Zutaten füllen und machen dabei auch noch richtig satt. Erhältlich im WW Studio oder unter wwshop.de.

# Gemüse-Kokos-Curry mit Bohnen und Reis

 Zubereitungszeit 20 Min.   Garzeit 30 Min.

**8-9**

355 kcal | 1485 kJ

Für 4 Personen

**160 g trockener Basmatireis**
**Salz, Pfeffer**
**1 Zwiebel**
**3 kleine Karotten**
**500 g Butternutkürbis**
**1 Broccoli**
**3 Tomaten**
**1 Dose schwarze Bohnen**
**(240 g Abtropfgewicht)**
**1 TL Rapsöl**
**2 EL Korma-Currypaste**
**125 ml fettreduzierte Kokosmilch**
**125 ml Wasser**

1   Reis nach Packungsanweisung in Salzwasser garen. Zwiebel schälen und würfeln. Karotten schälen und in Scheiben schneiden. Kürbis waschen, halbieren, Kerne mit einem Löffel entfernen und Kürbis würfeln. Broccoli waschen und in Röschen teilen. Tomaten waschen und würfeln. Bohnen abspülen und abtropfen lassen.

2   Öl in einem Topf auf mittlerer Stufe erhitzen und Zwiebeln darin ca. 3 Minuten andünsten. Currypaste dazugeben und ca. 1 Minute mitdünsten. Mit Kokosmilch und Wasser ablöschen und aufkochen. Karotten und Kürbis dazugeben und mit Deckel ca. 15 Minuten köcheln lassen.

3   Tomaten, Broccoli und Bohnen zufügen, mit Salz und Pfeffer würzen und ca. 10 Minuten mitgaren. Gemüse-Kokos-Curry mit Reis anrichten und nach Wunsch mit Koriander bestreut servieren.

# Blätterteigtaschen mit Pilzen und Pak Choi

Zubereitungszeit 20 Min.    Garzeit 40 Min.

**11–12**

339 kcal | 1418 kJ

**Für 4 Personen**
**250 g gemischte Pilze (z. B.**
**Champignons und Austernpilze)**
**1 Pak Choi**
**1 Frühlingszwiebel**
**3 TL Olivenöl**
**Salz, Pfeffer**
**1/2 TL Chiliflocken**
**1/2 TL gemahlener Koriander**
**3 EL Teriyakisauce**
**1 Packung fettreduzierter**
**Blätterteig (Kühltheke)**
**1 Romanasalatherz**
**1/2 Bund Radieschen**
**1 kleine Dose Mais**
**(140 g Abtropfgewicht)**
**3 EL heller Balsamicoessig**
**1 TL Honig**

**1**   Pilze trocken abreiben und fein würfeln. Pak Choi waschen und in feine Streifen schneiden. Frühlingszwiebel waschen und in Ringe schneiden. 1 TL Öl in einer Pfanne auf mittlerer Stufe erhitzen und Champignons darin 4–5 Minuten rundherum braten. Pak Choi und Frühlingszwiebeln dazugeben und 4–5 Minuten mitbraten.

**2**   Backofen auf 200° C (Gas: Stufe 3, Umluft: 180° C) vorheizen. Gemüse mit Salz, Pfeffer, Chiliflocken und Koriander würzen und mit Teriyakisauce ablöschen. Blätterteig entrollen und in 8 Rechtecke teilen. Gemüsemischung darauf verteilen, Taschen jeweils zu einem Rechteck zusammenklappen und Ränder mit einer Gabel festdrücken.

**3**   Blätterteigtaschen auf ein mit Backpapier ausgelegtes Backblech legen, mit Wasser bepinseln und im Backofen auf mittlerer Schiene 25–30 Minuten backen. Salat waschen, trocken schleudern und in mundgerechte Stücke zerteilen. Radieschen waschen und in Scheiben schneiden. Mais abgießen. Für das Dressing restliches Öl, Essig, Honig, Salz und Pfeffer verrühren und mit Salat, Radieschen und Mais mischen. Blätterteigtaschen auf Salat anrichten und servieren.

**Jetzt Video zu Küchentipp entdecken:**
Pak Choi putzen und zubereiten

# Scharfe Geflügel-Tortilla-Pfanne

 Zubereitungszeit 15 Min.    Garzeit 20 Min.

**5-6**

288 kcal | 1205 kJ

Für 4 Personen
**1 Zwiebel**
**1 rote Paprika**
**120 g Baby-Blattspinat**
**2 TL Rapsöl**
**400 g Geflügelhackfleisch**
**(aus Geflügelbrustfilet)**
**Salz, Pfeffer**
**1 EL Taco-Gewürz**
**400 g stückige Tomaten**
**(Konserve)**
**120 ml Wasser**
**2 kleine Vollkorn-Tortillawraps**
**70 g geriebener Käse,**
**30 % Fett i. Tr.**
**2 Frühlingszwiebeln**
**2 EL Jalapeñoringe in Lake**
**1 Limette**

1   Zwiebel schälen und fein würfeln. Paprika waschen, entkernen und würfeln. Spinat waschen und trocken schleudern. Öl in einer tiefen Pfanne auf mittlerer bis hoher Stufe erhitzen und Geflügelhackfleisch darin krümelig anbraten. Zwiebeln und Paprika zufügen und ca. 5 Minuten mitbraten.

2   Mit Salz, Pfeffer und Taco-Gewürz würzen, mit Tomaten und Wasser ablöschen, aufkochen und ca. 3 Minuten köcheln lassen. Tortillawraps in kleine Stücke schneiden, mit Spinat zur Pfanne geben und ca. 3 Minuten mitgaren.

3   Pfanne mit Käse bestreuen und ca. 2 Minuten schmelzen lassen. Frühlingszwiebeln waschen, in Ringe schneiden und mit Jalapeños über die Pfanne streuen. Limette in Spalten schneiden und mit Geflügel-Tortilla-Pfanne servieren.

# Bohnen-Süßkartoffel-Suppe

Zubereitungszeit 20 Min.   Garzeit 20 Min.

**2–8**

289 kcal | 1210 kJ

Für 6 Personen

**1 Zwiebel**
**1 Knoblauchzehe**
**800 g Süßkartoffeln**
**1 EL Rapsöl**
**1 TL Kreuzkümmel**
**500 ml Wasser**
**Salz, Pfeffer**
**1 Dose schwarze Bohnen**
**(240 g Abtropfgewicht)**
**1 Dose Mais**
**(285 g Abtropfgewicht)**
**1 grüne Chilischote**
**3 Frühlingszwiebeln**
**3 Stängel Koriander**
**2 Limetten**
**400 ml fettarme Milch**

**1**   Zwiebel schälen und mit Knoblauch fein würfeln. Süßkartoffeln schälen und würfeln. Öl in einem Topf auf mittlerer Stufe erhitzen und Zwiebeln darin ca. 3 Minuten andünsten. Knoblauch und Kreuzkümmel dazugeben und ca. 1 Minute mitdünsten. Süßkartoffeln und Wasser dazugeben und aufkochen. Mit Salz und Pfeffer würzen und auf niedriger Stufe ca. 10 Minuten köcheln lassen.

**2**   Bohnen abspülen und mit Mais abtropfen lassen. Chilischote waschen, entkernen und hacken. Frühlingszwiebeln waschen und in Ringe schneiden. Koriander waschen, trocken schütteln und Blätter abzupfen. Limetten halbieren, 1 Limettenhälfte auspressen und restliche Limetten in Spalten schneiden.

**3**   Süßkartoffeln grob pürieren, Milch, Bohnen, Mais und Chili dazugeben und ca. 5 Minuten erwärmen. Bohnen-Süßkartoffel-Suppe mit Salz und Pfeffer abschmecken und mit Limettensaft verfeinern. Auf Schalen verteilen, mit Frühlingszwiebeln und Koriander bestreuen und mit Limettenspalten servieren.

Hip snacken

# Snacken geht
## auch anders

**Snacks – sie sind meine Hassliebe und der absolut wunde Punkt in meiner Ernährung. Ihr wisst ja, früher haben sie meine gesamte Ernährung bestimmt und fütterten nicht nur mich, sondern auch mein schlechtes Gewissen. Dann ließ ich sie komplett weg und nun esse ich wieder welche in Maßen. Dank guter Inspiration natürlich jetzt ganz anders als damals. Ich bin eben einfach ein Genussmensch. Und Essen ist für mich definitiv ein Genussmittel.**

Drei Mahlzeiten am Tag waren mir auf Dauer zu wenig. Nicht wegen der Menge, sondern wegen

der Gemütlichkeit. Essen hat für mich auch immer etwas Gemütliches. Also brauche ich Snacks. Allerdings habe ich beispielsweise den Kuchen und die Kekse am Nachmittag durch gesündere – und dabei gar nicht unbedingt weniger süße – Alternativen ausgetauscht. Auch diese sind total abwechslungsreich und schmecken meist der ganzen Familie. Da wir mit unseren Kindern supergerne Ausflüge machen und diese oft länger als ein paar Stunden dauern, ist es mir bei den Snacks besonders wichtig, dass ich sie gut vorbereiten und transportieren kann. So haben wir immer etwas Leckeres dabei und gönnen uns auch unterwegs kleine, gemütliche Snackpausen. Ich liebe es.

Ich war schon immer eine kleine Naschkatze und werde es bestimmt auch bis ins hohe Alter bleiben. Deshalb bin ich so froh, nun viele Snacks zu kennen, die meine Seele glücklich machen und das schlechte Gewissen trotzdem sehr, sehr klein halten oder erst gar nicht aufkommen lassen. Obwohl ich selbst eher der süße Typ bin bei Zwischenmahlzeiten, sind natürlich auch ein paar herzhafte Snacks dabei. Ich weiß schließlich, dass nicht jeder Mensch auf diesem Planeten genauso gern süß isst wie ich. Und oft macht es auch einfach die besondere Mischung. So bin ich jetzt zum Beispiel ein Fan von dem herzhaften Popcorn mit Chiliflocken oder den veganen Lauch-Spinat-Muffins. Sehen nicht nur cool aus, schmecken auch bombastisch.

Denkt nur bitte daran: Snacks sind wirklich als kleiner Snack gedacht. Sie ersetzen keine Hauptmahlzeit. Sie sind lediglich kleine Zwischenmahlzeiten, die unseren Tag versüßen und die wir deshalb in vollen Zügen genießen sollten – allein oder gemeinsam mit anderen. Und in der Summe sollten sie natürlich in euer Tagesbudget passen. Mir wäre es lieb, wenn ihr diese Snacks wirklich bewusst esst. Also wenn möglich im Sitzen und nicht schnell, schnell im Vorbeigehen. Nehmt euch bewusst Zeit zum Essen und Genießen, habt Freude daran und lasst es euch einfach gut gehen.

# Schoko-Erdnuss-Muffins

 Zubereitungszeit 15 Min.   Garzeit 30 Min.   Kühlzeit 20 Min.

124 kcal | 517 kJ

Für 12 Stück
**1 große Banane**
**2 Eier (Größe M)**
**2 EL Agavendicksaft**
**25 g Halbfettmargarine**
**120 g Magermilchjoghurt**
**130 g Vollkornmehl**
**1 EL Kakaopulver**
**2 TL Backpulver**
**1 Prise Salz**
**1 EL ungesalzene Erdnüsse**
**2 EL Schokodrops**
**2 EL Erdnussmus**

**1**   Backofen auf 180° C (Gas: Stufe 2, Umluft: 160° C) vorheizen. Banane schälen, in Stücke schneiden, mit Eiern und Agavendicksaft pürieren und mit Margarine und Joghurt verrühren. Mehl, Kakaopulver, Backpulver und Salz mischen und unter die Eimasse rühren.

**2**   Erdnüsse hacken, mit 1 EL Schokodrops unter den Teig rühren und auf 12 Silikon-Muffinförmchen oder Papiermanschetten verteilen. Muffins im Backofen auf mittlerer Schiene 25–30 Minuten backen und ca. 20 Minuten abkühlen lassen. Muffins mit Erdnussmus bestreichen und mit restlichen Schokodrops bestreuen. Schoko-Erdnuss-Muffins genießen.

# Bunte Flammkuchenhäppchen

Zubereitungszeit 15 Min.   Garzeit 10 Min.

**4**

139 kcal | 582 kJ

Für 8 Stücke
**1 kleine rote Zwiebel**
**je 1 kleine gelbe und**
**grüne Paprika**
**3 braune Champignons**
**4 Cocktailtomaten**
**1 Packung Flammkuchenteig**
**(Kühltheke, 280 g)**
**80 g Kräuterfrischkäse,**
**bis 5 % Fett absolut**
**Salz, Pfeffer**
**60 g geriebener Käse,**
**30 % Fett i. Tr.**
**1 EL Schnittlauchringe**

**1**   Backofen auf 220° C (Gas: Stufe 4, Umluft: 200° C) vorheizen. Zwiebel schälen und in feine Streifen schneiden. Paprika waschen, entkernen und in feine Streifen schneiden. Champignons trocken abreiben und in Scheiben schneiden. Tomaten waschen und halbieren.

**2**   Flammkuchenteig entrollen und samt Backpapier auf ein Backblech geben. Mit Kräuterfrischkäse bestreichen, mit Salz und Pfeffer würzen und mit Gemüse belegen. Flammkuchen mit Käse bestreuen und im Backofen auf mittlerer Schiene ca. 12 Minuten backen. Flammkuchen mit Schnittlauch bestreuen, in Stücke schneiden und als Häppchen servieren.

# Beerencrumble

Zubereitungszeit 10 Min.    Garzeit 30 Min.    Kühlzeit 15 Min.

**5-7**

158 kcal | 662 kJ

Für 6 Personen
**400 g Heidelbeeren**
**250 g Himbeeren**
**100 g Mehl**
**50 g brauner Zucker**
**50 g Halbfettmargarine**

**1**  Backofen auf 180° C (Gas: Stufe 2, Umluft: 160° C) vorheizen. Beeren waschen, trocken tupfen und in einer Auflaufform (ca. 20 x 20 cm) verteilen. 2 EL Mehl mit 1 EL Zucker vermischen und unter die Beeren heben.

**2**  Restliches Mehl mit restlichem Zucker und Margarine zu Streuseln verkneten, über die Beeren geben und im Backofen auf mittlerer Schiene ca. 30 Minuten backen. Beerencrumble ca. 15 Minuten abkühlen lassen und servieren.

# Haselnuss-Ricotta-Tiramisu

Zubereitungszeit 20 Min.    Kühlzeit 4 Std.

**8–9**

192 kcal | 804 kJ

Für 8 Gläser
**1 EL Instant-Kaffeepulver**
**250 ml heißes Wasser**
**1 EL Haselnuss-Sirup**
**12 Löffelbiskuits**
**45 g Schoko-Haselnuss-Aufstrich**
**120 g Ricotta**
**500 g Magermilchjoghurt**
**100 g Vanillepudding (Kühltheke)**
**1 TL Vanillepaste**
**8 WW Haselnuss Schokoladen Sticks**
**2 TL Kakaopulver**

**1** Kaffeepulver mit Wasser und Sirup verrühren. 6 Löffelbiskuits in Stücke brechen, in die Kaffeemischung tauchen und auf 8 Gläser (Inhalt ca. 250 ml) verteilen.

**2** Für die Creme Schoko-Haselnuss-Aufstrich mit Ricotta, Joghurt, Vanillepudding und Vanillepaste pürieren und die Hälfte auf die Gläser verteilen. Restliche Löffelbiskuits in Stücke brechen, in die Kaffeemischung tauchen und auf der Creme verteilen. Restliche Creme daraufgeben und ca. 4 Stunden kalt stellen.

**3** WW Haselnuss Schokoladen Sticks halbieren. Haselnuss-Ricotta-Tiramisu mit Kakaopulver bestäuben, mit Sticks garnieren und servieren.

## Cremig-knusprig

Erlebe die knusprigen Haselnuss Schokoladen Sticks – umhüllt von zartschmelzender Milchschokolade und einem Herz aus Haselnusscreme. Erhältlich im WW Studio oder unter wwshop.de.

# Herzhaftes Popcorn

Zubereitungszeit 5 Min.   Garzeit 10 Min.

**1–3**

101 kcal | 424 kJ

Für 4 Personen
**80 g trockener Popcorn-Mais**
**1 TL Chiliflocken**
**1 TL Paprikapulver**
**Salz, Pfeffer**
**1 EL Olivenöl**

**1**   Backofen auf 200° C (Gas: Stufe 3, Umluft: 180° C) vorheizen. Popcorn-Mais in einer großen mikrowellenfesten Schüssel mit Deckel bei ca. 800 Watt (bei 600 Watt ca. 10 Minuten) 3–4 Minuten in die Mikrowelle stellen, bis ca. 5 Sekunden zwischen jedem „Pop" liegen.

**2**   Chiliflocken, Paprikapulver, Salz und Pfeffer verrühren, mit Popcorn und Öl auf einem mit Backpapier ausgelegten Backblech vermischen und im Backofen auf mittlerer Schiene 3–5 Minuten backen. Guten Appetit!

# Wassermelonen-Limetten-Mocktail

 Zubereitungszeit 10 Min.

**4**

93 kcal | 388 kJ

Für 6 Gläser

**1 kg Wassermelonenfruchtfleisch**
**250 ml kaltes Wasser**
**25 g Zucker**
**2 unbehandelte Limetten**
**6 Stängel Minze**
**18 Eiswürfel**

**1** Melone würfeln und mit Wasser und Zucker pürieren. Mischung durch ein Sieb streichen. 1/2 Limette auspressen und restliche Limetten in Spalten schneiden. Minze waschen und trocken schütteln.

**2** Limettensaft mit Wassermelonenmischung verrühren. Eiswürfel und Limettenspalten auf 6 Gläser (Inhalt ca. 300 ml) verteilen, Wassermelonen-Limetten-Mocktail daraufgießen und mit Minze garnieren. Cheers!

## Ananas-Limetten-Mocktail

Für eine leckere Variante des alkoholfreien Cocktails kannst du die Wassermelone einfach durch 1 Ananas (ca. 800 g) ersetzen und das Rezept wie oben beschrieben zubereiten. Der PersonalPoints™ Wert bleibt gleich. Enjoy!

# Zucchiniquiche

  Zubereitungszeit 15 Min.   Garzeit 35 Min.

121 kcal | 507 kJ

Für 10 Stücke

**2 große Zucchini**
**2 Karotten**
**1 rote Zwiebel**
**5 Eier (Größe M)**
**2 EL Schnittlauchringe**
**Salz, Pfeffer**
**150 g Mehl**
**2 TL Backpulver**
**40 g geriebener Käse,**
**30 % Fett i. Tr.**

**1**  Backofen auf 180° C (Gas: Stufe 2, Umluft: 160° C) vorheizen. Zucchini waschen, Karotten schälen und fein raspeln. Zwiebel schälen und fein würfeln. Eier mit Schnittlauch, Salz und Pfeffer verquirlen, mit Gemüse, Mehl und Backpulver vermischen und Käse unterrühren.

**2**  Masse in eine mit Backpapier ausgelegte Springform (Ø 20 cm) füllen und im Backofen auf mittlerer Schiene ca. 35 Minuten backen. Zucchiniquiche in Stücke schneiden und heiß oder kalt genießen.

# Gemüse mit gerösteter Guacamole

Zubereitungszeit 20 Min.    Garzeit 15 Min.

**1–5**

200 kcal | 838 kJ

Für 6 Personen
**2 Tomaten**
**2 große Avocados (à 200 g)**
**1 kleine rote Zwiebel**
**1 grüne Chilischote**
**2 TL Rapsöl**
**Salz, Pfeffer**
**6 bunte Mini-Paprika**
**3 Mini-Gurken**
**2 Stangen Staudensellerie**
**1 kleiner Radicchio**
**1 unbehandelte Limette**
**2 EL gehackter Koriander**
**1/2 TL Kreuzkümmel**

**1**   Tomaten waschen, halbieren und entkernen. Avocados halbieren und Steine entfernen. Zwiebel schälen und in Ringe schneiden. Chilischote waschen und halbieren. Öl in einer Grillpfanne auf mittlerer bis hoher Stufe erhitzen, Tomaten mit Avocadoschnittflächen darin ca. 3 Minuten grillen, herausnehmen und mit Salz und Pfeffer würzen. Zwiebeln und Chili im Bratensatz 3–5 Minuten von jeder Seite grillen.

**2**   Paprika waschen, entkernen und halbieren. Gurken waschen und in Stifte schneiden. Sellerie waschen und in Stücke schneiden. Radicchio waschen, trocken schleudern und in Blätter zerteilen. 1/2 TL Limettenschale abreiben und Limette auspressen.

**3**   Avocadofruchtfleisch aus der Schale lösen und mit einer Gabel zerdrücken. Tomaten und Zwiebeln hacken, mit Avocado, Koriander, Limettenschale, -saft und Kreuzkümmel verrühren und mit Salz und Pfeffer abschmecken. Gemüse mit gerösteter Guacamole servieren.

# Frozen Schoko-Joghurt-Obstspieße

 Zubereitungszeit 15 Min.    Garzeit 5 Min.    Gefrierzeit 30 Min.

 **2–3**

81 kcal | 337 kJ

Für 6 Stück

**60 g Heidelbeeren**
**200 g Erdbeeren**
**2 Kiwis**
**1 Banane**
**60 g Magermilchjoghurt**
**35 g Zartbitter-Schokolade**

**1** Beeren waschen, trocken tupfen und Erdbeeren gegebenenfalls halbieren. Kiwis schälen, längs halbieren und in Scheiben schneiden. Banane schälen und in Scheiben schneiden.

**2** Obst abwechselnd auf 6 Spieße stecken, auf ein Stück Backpapier legen, mit Joghurt beträufeln und ca. 30 Minuten gefrieren lassen.

**3** Schokolade in einem warmen Wasserbad schmelzen und Spieße damit in Fäden garnieren. Schoko-Joghurt-Obstspieße kalt genießen.

# Bananen-Nice-Cream mit Schokodrops

Zubereitungszeit 10 Min.    Garzeit 5 Min.    Gefrierzeit 3 Std.

**3–6**

164 kcal | 688 kJ

Für 4 Personen

**4 reife Bananen**
**2 EL Mandelblättchen**
**1 TL Vanilleextrakt**
**30 g Zartbitter-Schokodrops**

**1** Bananen schälen, in dicke Scheiben schneiden, in einen Gefrierbeutel geben und ca. 3 Stunden gefrieren lassen.

**2** Mandelblättchen fettfrei in einer Pfanne auf mittlerer Stufe 2–3 Minuten rösten. Bananen mit Vanilleextrakt pürieren und Schokodrops unterrühren. Bananen-Nice-Cream auf 4 Schalen verteilen, mit Mandelblättchen bestreuen und genießen.

### So Nice-Cream

Nice-Cream, also gefrorene, pürierte Bananen, ist eine tolle und gesunde Eis-Variante für Kinder. Die Schokodrops könnt ihr weglassen oder sie durch Vollmilch-Schokodrops ersetzen.

# Vegane Lauch-Spinat-Muffins

 Zubereitungszeit 25 Min.    Garzeit 25 Min.    Kühlzeit 30 Min.

**2**

86 kcal | 359 kJ

Für 12 Stück
**1 Bund Petersilie**
**1 EL Rapsöl**
**4 EL Mineralwasser**
**150 g Weizenvollkornmehl**
**1 TL Backpulver**
**65 g vegane Halbfettmargarine**
**Salz, Pfeffer**
**1 kleine Stange Lauch**
**1 kleine grüne Paprika**
**100 g Baby-Blattspinat**
**200 g Seidentofu**
**1/2 TL geriebene Muskatnuss**

**1**  Petersilie waschen, trocken schütteln, grob hacken und mit Öl und 1 EL Wasser pürieren. Mehl mit Backpulver, 60 g Margarine, Petersilie, restlichem Wasser und 1 TL Salz zu einem glatten Teig verkneten. Teig in Frischhaltefolie wickeln und ca. 15 Minuten kalt stellen.

**2**  Lauch waschen und in feine Ringe schneiden. Paprika waschen, entkernen und fein würfeln. Für den Guss Spinat waschen, trocken schleudern, mit Seidentofu pürieren und mit Salz, Pfeffer und Muskatnuss würzen. Backofen auf 180° C (Gas: Stufe 2, Umluft: 160° C) vorheizen.

**3**  Teig zwischen Frischhaltefolie ausrollen und 12 Kreise ausstechen. 12 Mulden eines Muffinblechs mit restlicher Margarine fetten, mit Teig auskleiden und dabei einen ca. 2 cm hohen Rand formen. Lauch und Paprika in die Mulden füllen, Guss darübergeben und Muffins im Backofen auf mittlerer Schiene ca. 25 Minuten backen. Lauch-Spinat-Muffins ca. 15 Minuten abkühlen lassen und servieren.

# Schnelle Apfel-Erdnuss-Ringe

Zubereitungszeit 10 Min.

**2**

76 kcal | 316 kJ

Für 6 Stück

**1 großer süßlicher Apfel**
**(z. B. Gala)**
**1 EL gesalzene Erdnüsse**
**3 EL Haferdrink**
**2 EL Erdnussmus**
**2 Stängel Minze**
**1 EL Granatapfelkerne**

**1** Apfel waschen, das Kerngehäuse ausstechen und Apfel in 6 Ringe schneiden. Erdnüsse hacken. Haferdrink mit Erdnussmus glatt rühren, Apfelringe damit bestreichen und mit Erdnüssen bestreuen.

**2** Minze waschen, trocken schütteln und Blätter abzupfen. Apfel-Erdnuss-Ringe mit Granatapfelkernen und Minze garnieren. Enjoy!

**Jetzt Video zu Küchentipp entdecken:**
Granatapfelkerne einfach herauslösen

# Mokka Trifle

Zubereitungszeit 15 Min.

**6–7**

162 kcal | 680 kJ

Für 4 Gläser
**8 Butterkekse**
**60 ml Espresso**
**1 TL Kakaopulver**
**60 g Schlagsahne, 30 % Fett**
**1 Päckchen Vanillezucker**
**250 g Magerquark**
**1 EL Zartbitter-Raspelschokolade**

**1** Butterkekse in einen Gefrierbeutel geben, mit einem Nudelholz grob zerkleinern und auf 4 Gläser (Inhalt ca. 150 ml) verteilen. Espresso mit Kakaopulver verrühren und auf die Butterkekse träufeln.

**2** Sahne mit Vanillezucker steif schlagen und mit Quark verrühren. Quark-Sahne-Mischung auf die Gläser verteilen und mit Raspelschokolade garnieren. Mokka Trifle kalt stellen oder sofort genießen.

# Erdbeer-Eisbecher

 Zubereitungszeit 15 Min.

**6–8**

157 kcal | 657 kJ

Für 4 Personen
**400 g Erdbeeren**
**200 g Magermilchjoghurt**
**40 g Baiser**
**4 Kugeln Vanilleeis (à 30 g)**

**1** Erdbeeren waschen, trocken tupfen und 150 g pürieren. 100 g Erdbeerpüree mit Joghurt verrühren. Restliche Erdbeeren vierteln. Baiser grob zerbröseln.

**2** Erdbeerjoghurt auf 4 Eisbecher verteilen, Baiser, Erdbeerviertel und Vanilleeis daraufgeben und mit restlichem Erdbeerpüree garnieren. Guten Appetit!

# Gemüse-Schafskäse-Spieße

 Zubereitungszeit 20 Min.    Garzeit 10 Min.

**4**

127 kcal | 523 kJ

Für 6 Stück

**1 kleine Zucchini**
**1 kleine gelbe Paprika**
**12 Cocktailtomaten**
**1 EL Olivenöl**
**1 EL dunkler Balsamicoessig**
**1 TL getrockneter Oregano**
**1/2 TL geräuchertes**
**Paprikapulver**
**1 TL brauner Zucker**
**Salz, Pfeffer**
**150 g Schafskäse, 25 % Fett i. Tr.**
**40 g Aioli (Fertigprodukt)**
**4 Blätter Basilikum**

**1**   Backofen auf 180° C (Gas: Stufe 2, Umluft: 160° C) vorheizen. Zucchini waschen und in Stücke schneiden. Paprika waschen, entkernen und in Stücke schneiden. Tomaten waschen.

**2**   Für die Marinade Öl, Essig, Oregano, Paprikapulver, Zucker, Salz und Pfeffer verrühren und mit Gemüse vermischen. Schafskäse in 12 Würfel schneiden und mit Gemüse abwechselnd auf 6 Holzspieße stecken.

**3**   Spieße auf ein mit Backpapier ausgelegtes Backblech geben und im Backofen auf mittlerer Schiene ca. 10 Minuten garen. Gemüse-Schafskäse-Spieße mit Aioli und Basilikum bestreut servieren.

# Mini-Kirsch-Cakes mit Marzipan

 Zubereitungszeit 20 Min.    Garzeit 20 Min.

44 kcal | 183 kJ

**Für 32 Stück**
**50 g Marzipan**
**60 g Halbfettmargarine**
**170 g Dinkelmehl**
**1 TL Backpulver**
**2 Eier (Größe M)**
**100 ml fettarme Milch**
**180 g Kirschen (TK)**
**1 TL Kakaopulver**

**1**   Backofen auf 180° C (Gas: Stufe 2, Umluft: 160° C) vorheizen. Marzipan raspeln und mit Margarine, Mehl, Backpulver, Eiern und Milch zu einem glatten Teig verrühren.

**2**   Teig auf 32 Mini-Papiermanschetten verteilen, Kirschen daraufgeben und Cakes im Backofen auf mittlerer Schiene 15–20 Minuten backen. Mini-Kirsch-Cakes mit Kakaopulver bestäuben und genießen.

## Profitipps

Fülle nicht zu viel Teig in die Papiermanschetten, sonst laufen sie beim Backen über. Damit die Cakes besser in Form bleiben, kannst du die Papiermanschetten in die Mulden einer Mini-Muffinform legen.

# Schafskäse-Kräuter-Muffins

Zubereitungszeit 15 Min.    Garzeit 25 Min.    Kühlzeit 5 Min.

**4–5**

177 kcal | 741 kJ

Für 8 Stück
**200 g Mehl**
**1 Päckchen Backpulver**
**Salz, Pfeffer**
**2 Eier (Größe M)**
**150 g Magermilchjoghurt**
**2 EL Olivenöl**
**130 ml fettarme Milch**
**80 g Schafskäse, 25 % Fett i. Tr.**
**3 EL gehackte Petersilie**
**1 TL gehackter Thymian**

**1**  Backofen auf 180° C (Gas: Stufe 2, Umluft: 160° C) vorheizen. Mehl mit Backpulver und 1/2 TL Salz verrühren. Eier verquirlen und mit Joghurt, Öl und Milch verrühren. Eiermischung zur Mehlmischung geben und zu einem glatten Teig verrühren.

**2**  60 g Schafskäse zerbröseln und mit Petersilie, Thymian und 1 Prise Pfeffer unter den Teig heben. Teig auf 8 WW Silikon-Muffinförmchen verteilen, restlichen Schafskäse darüberbröseln und Muffins im Backofen auf mittlerer Schiene ca. 25 Minuten backen. Schafskäse-Kräuter-Muffins ca. 5 Minuten abkühlen lassen und servieren.

## Super praktisch!

Die kleinen Muffinförmchen sind wiederverwendbar und aus Silikon. Du kannst sie übrigens auch als Tartelettes verwenden. Erhältlich im WW Studio oder unter wwshop.de.

# Melonen-Basilikum-Sorbet am Stiel

  Zubereitungszeit 15 Min.    Garzeit 5 Min.    Kühlzeit 5 Min.    Gefrierzeit 4 Std.

44 kcal | 185 kJ

Für 8 Stück
**20 g Basilikum**
**120 ml Wasser**
**30 g Zucker**
**350 g Honigmelonen-**
**fruchtfleisch**
**1 Limette**

**1**  Basilikum waschen, trocken schütteln und fein hacken. Wasser mit Zucker und Basilikum in einem Topf auf hoher Stufe aufkochen und auf niedriger Stufe ca. 5 Minuten köcheln lassen. Sirup vom Herd nehmen und ca. 5 Minuten abkühlen lassen.

**2**  Melone würfeln. Limette auspressen. Melone pürieren, Sirup und Limettensaft dazugeben und kurz mitpürieren. Masse in 8 Eisformen (à ca. 55 ml) füllen. Melonen-Basilikum-Sorbet mindestens 4 Stunden gefrieren lassen und genießen.

# Willkommen zum neuen
# **PersonalPoints™** Programm

**Es ist dein Weg und du bestimmst die Richtung. Kein Plan gleicht dem anderen. Bei WW erhältst du einen personalisierten Plan, der dein Lieblingsessen, deine Ziele und deinen Stoffwechsel berücksichtigt. So kannst du abnehmen, ohne auf einen einzigen Genussmoment deines Lebens zu verzichten.**

### Ein Plan von dir für dich

Du sagst uns, was du gerne isst und wann und wie du dich am liebsten bewegst. Und wir erstellen dir einen individuellen Ernährungs- und Bewegungsplan.

### Aktualisierte Punkteformel

Du wirst zu Lebensmitteln mit einem höheren Anteil an gesunden Fetten, Ballaststoffen sowie Eiweiß und einem geringeren Anteil an zugesetztem Zucker und gesättigten Fettsäuren geführt.

### Bei diesem Programm kannst du dich satt essen

Kein Hungern – dank der ZeroPoint® Lebensmittel, die du nicht tracken musst, und der Möglichkeit, dein Budget aufzustocken.

Sina Peters, WW Expertin
für Programm und Wissenschaft

**„ZeroPoint Lebensmittel sind Lebensmittel, die du gern und häufig isst. Die Möglichkeit, das zu essen, was man liebt, ist einer der Gründe, warum dieses Programm so alltagstauglich ist!"**

# 3 einfache Wege, dein Budget aufzustocken

Dein PersonalPoints Budget ist individuell auf deine Ziele abgestimmt und du entscheidest, für welche Lebensmittel du es einsetzt. Zum allerersten Mal bietet WW dir mit dem neuen Programm jetzt auch die Möglichkeit, zusätzliche PersonalPoints für dein Budget zu sammeln:

### Iss Gemüse!
1 Handvoll Gemüse = 1 PersonalPoint für dein Tagesbudget (unbegrenzt). Gemüse enthält viele Ballaststoffe. Sie helfen dir dabei, länger satt zu bleiben.

### Trinke Wasser!
1,75 l Wasser pro Tag = 1 PersonalPoint für dein Tagesbudget (max. 1 pro Tag). Je mehr Wasser du trinkst, desto weniger greifst du zu Saft oder Limonade.

### Bleibe aktiv!
Mehr Bewegung = mehr PersonalPoints für dein wöchentliches Budget (unbegrenzt). Wie viele Punkte du verdienst, hängt von der Aktivität sowie von deinem Alter, deiner Größe, deinem Geschlecht und deinem Gewicht ab.

**Im neuen PersonalPoints Programm erhält jeder eine individuelle Liste mit ZeroPoint Lebensmitteln, welche die ganz persönlichen Vorlieben berücksichtigt.**

Daher kann der PersonalPoints Wert eines Rezeptes von Person zu Person variieren. Je nachdem, welche ZeroPoint Lebensmittel auf deiner Liste stehen, liegt dein PersonalPoints Wert innerhalb des ausgewiesenen Rahmens.

**Minimaler PersonalPoints Wert** ← **4 – 7** → **Maximaler PersonalPoints Wert**

Dein exakter PersonalPoints Wert wird dir in der WW App angezeigt, indem du den QR-Code auf der Rezeptseite scannst. So kannst du deine Mahlzeiten also auch direkt tracken!

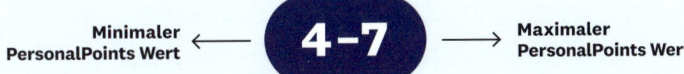

Frühstücks-Apfel-Kuchen

Zubereitungszeit 15 Min.     Garzeit 55 Min.     Kühlzeit 30 Min.

1–3

117 kcal | 488 kJ

### Die WW Gesunde Küche
Die WW Kochbücher sind für alle geeignet – egal, ob du WW Mitglied bist oder dich einfach ausgewogen ernähren und einen gesunden Lifestyle etablieren möchtest. Genau hierbei helfen dir unsere leckeren Rezepte, die ganz leicht nachzukochen sind.

*Infos zum Scannen & Tracken der Rezepte erhältst du auf der Umschlaginnenseite.*
*Mehr zu unserem ganzheitlichen PersonalPoints Programm erfährst du unter ww.com.*

# Das Geheimrezept für mehr Wohlbefinden

Entdecke jetzt das WW **PersonalPoints™** Programm und finde deinen personalisierten Weg zu gesunden Gewohnheiten, einem aktiveren Leben und mehr Wohlbefinden.

**Melde dich gleich auf WW.com an und erhalte noch heute einen Plan, der in dein Leben passt.**

# Register nach Alphabet

# Register nach Zutaten und Stichworten

## Käse & Schafskäse

## Kartoffeln & Süßkartoffeln

## Kürbis

## Mais

## Mexikanisch

## Müsli & Porridge

## Nudeln

## Nüsse & Kerne

# Register nach Zutaten und Stichworten

🥕 vegetarisch 🌱 vegan

🌾 glutenfrei 🥛 laktosefrei 🥜 nussfrei

Die Kennzeichnung wie zum Beispiel „gluten-", „laktose-" oder „nussfrei" bei den Rezepten ist rein informativ und nicht verbindlich. Es liegt in der persönlichen Verantwortung zu prüfen, ob die verwendeten Lebensmittel die Anforderungen erfüllen.

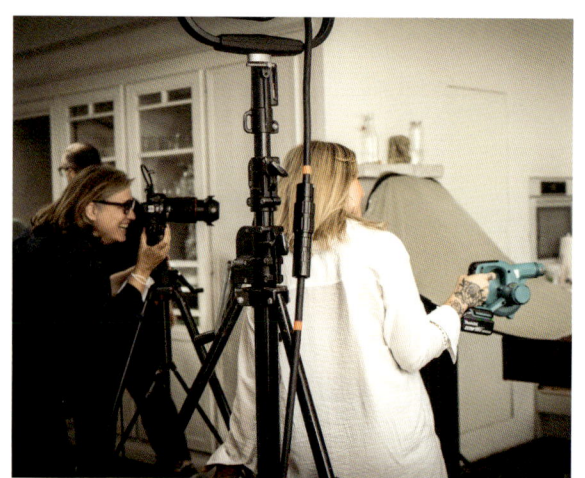

# Danke

Vielen Dank, WW, für die tolle Zusammenarbeit. Es hat mir großen Spaß gemacht, besonders das Fotoshooting. Ihr habt ein super Team auf die Beine gestellt und es mir somit sehr leicht gemacht. Ich bin überzeugt davon, dass WW und Hullern eine sehr gute Kombination ergeben – nicht nur, um schlank zu werden, sondern auch für das allgemeine Wohlbefinden und die eigene Zufriedenheit.
Zum Schluss danke ich natürlich meinem eigenen Team und ganz besonders Lin und meinem Mann Matthias, der mir immer den Rücken freigehalten hat und mich bedingungslos unterstützt.

*Eure Elli*

**Wollt ihr WW und mir folgen?**

| | |
|---|---|
| **Website** | *ww.com* |
| | *elli-hoop.de* |
| **Instagram** | *ww_deutschland* |
| | *elli_hoop* |
| **Facebook** | *WW Deutschland* |
| | *Der Elli Hoop Shop* |

# Impressum

**Herausgeber & Redaktion**
WW (Deutschland) GmbH
Claudia Braun, Valerie Altmann-Gamairi

**Rezeptideen & Texte**
Elli Hoop

**Rezeptentwicklung & Realisierung**
Geschmackswerk UG
Nathalie Döscher, Silke Höpker

**Rezeptfotografie & Styling**
Carsten Eichner, Meike Graf

**Foodstyling**
Marion Swoboda, Thorsten Hülsmann

**Fotos, Titelbild & Stills**
Tania Walck

**Fotoassistenz**
Christian Breevaart

**Bildnachweise**
WW International

**Styling**
Anja Müller

**Haare & Make Up**
Julia Heiermann

**Gestaltungskonzept & Grafik**
Geschmackswerk UG, Petra Penker

**Druck**
paffrath print & medien GmbH

WW (Deutschland) GmbH
ww.com
Info-Hotline 0211-36874236
SKU: 402427
ISBN: 978-3-9822975-3-8

Wir freuen uns auf deine Bewertung dieses Kochbuchs unter: wwshop.de oder schicke uns eine E-Mail an leserservice@ww.com